Geheime Orte in Brandenburg

Ein Ausflugsführer für die ganze Familie

Claus-Dieter Steyer

nicolai

Unser Newsletter und unsere Facebook-Seite informieren Sie über aktuelle Bücher und alle anderen Neuigkeiten unseres Verlags.

www.nicolai-verlag.de

nicolai *Der Hauptstadtverlag*

© 2012 Nicolaische Verlagsbuchhandlung GmbH, Berlin
Lektorat: Freia Schleyerbach
Herstellung: Christine Noack

Printed in the EU

Alle Rechte vorbehalten

ISBN 978-3-89479-650-1

INHALT

Einladung zum Entdecken   8

TOUR 1   BARNIM

Waldsiedlung Wandlitz: Die Häuser
von Honecker & Co. stehen noch   11

Der »Koloss am Bogensee«: Vom Refugium
des Nazi-Propagandaministers zur pompösen
Kaderschmiede der FDJ   16

Schloss Dammsmühle: Ein Schloss im
Auf und Ab des Dornröschenschlafs   22

Zentrales Aufnahmeheim Röntgental: Hier wurde
über die Zuwanderung in die DDR entschieden   26

TOUR 2   SCHORFHEIDE

Carinhall: Der verschwundene Landsitz
eines NS-Kriegsverbrechers   29

Jagdhaus »Wildfang«: Honeckers verstecktes Domizil
brachte es zu einer Erwähnung in der Weltpresse   35

Buchenwald Grumsin: Weltnaturerbe
unter Geheimhaltung   39

Jagdschloss Hubertusstock: Durch den Geheimgang
aus der Kellerbar direkt in den Wald   42

TOUR 3   MÄRKISCH-ODERLAND

Brücke Bienenwerder: Nur im Ernstfall
sollten hier die Züge rollen   47

Kirche Neuhardenberg: Das Herz
des Staatskanzlers im Altartisch   51

TOUR 4 ODER-SPREE

Forsthaus an der Spree: Hier wurden
RAF-Terroristen zu DDR-Bürgern — 55

Filmstädte Woltersdorf und Rüdersdorf: Reste vom
Tempel im Garten und Stalingrad-Kulisse im Park — 61

TOUR 5 POTSDAM, POTSDAM-MITTELMARK

Beelitzer Heilstätten: Ein Gelände voller Filmkulissen,
Spukgeschichten und gescheiterten Plänen — 65

Südwestkirchhof Stahnsdorf: Gräber, Monumente
und Mausoleen an der »falschen« Bahnhofstraße — 71

Klausberg im Park Sanssouci: Die stolze
Weinbautradition der Könige und Kaiser — 77

TOUR 6 FLÄMING

Kummersdorf und Sperenberg: Von der
»Dicken Berta« bis zur »Wiege der Raumfahrt« — 81

TOUR 7 HAVELLAND

Olympiadorf von 1936: Ein vergessener Tunnel
und Zeitungshelden auf Russisch — 85

TOUR 8 OBERHAVEL

Raketensilo Dannenwalde: Bis heute liegt der Deckmantel des Schweigens über dem Inferno von 1977 — 91

Lungenheilstätte Grabowsee: Alte Ruinen
als Heimat für neue Pläne — 96

TOUR 9 DAHME-SPREEWALD

Gründgens-Villa Zeesen: Der Treffpunkt für Stars
und Prominente blickt in eine ungewisse Zukunft   101

Freiheitssender 904 Bestensee: Von hier aus
sendete eine geheime Station merkwürdige Parolen,
flotte Musik und Propaganda   105

BUNKERWELTEN

Abstieg in unterirdische Relikte des Kalten Krieges   111

TIERWELTEN

Entdeckungen in Wald und Flur   119

Quellen- und Literaturverzeichnis   126

Bildnachweis   127

Einladung zum Entdecken

Wenn Einheimische nur tuscheln, Behörden keine Auskünfte geben, Eigentümer falsche Schilder anbringen, Neugierige ihren ganzen Mut zusammennehmen und die bekannten Pfade verlassen müssen, dann sind wir auf einen geheimen Ort gestoßen. Brandenburg ist mit diesen Orten so reich bestückt wie kein anderes Bundesland. Das liegt vor allem an der Großstadt in seiner Mitte. Als Macht- und Kulturzentrum war man in Berlin schon immer auf Rückzugsorte im Umland angewiesen. Die jeweils Herrschenden richteten sich hier ihre abgeschiedenen Landsitze und Sommerfrischen ein, ließen sich Jagdresidenzen bauen oder für den Ernstfall sogar Verstecke tief unter der Erdoberfläche. Oft wussten nicht einmal die Nachbarn über die Hintergründe des emsigen Treibens in den Wäldern, Schluchten oder an den Seeufern Bescheid.

Ein Großteil der so entstandenen Bauwerke erfüllte einen militärischen Zweck, was angesichts der Ost-West-Konfrontation nach Kriegsende 1945 nicht verwundert. Immerhin

Brandenburg steckt wie hier in den Beelitzer Heilstätten voller verborgener Schätze, Skurrilitäten und vergessener Erinnerungen.

So wie diese Tafel aus der früheren Terroristenherberge bei Briesen sind viele entdeckte Utensilien buchstäblich aus der Zeit gefallen.

befanden sich bis zur Wende 10 bis 15 Prozent der gesamten Brandenburger Landesfläche im Besitz des Militärs; diese trugen die Uniformen der Sowjetarmee, der NVA, der Grenztruppen oder der Volkspolizei. Dazu kamen die hermetisch abgeriegelten Areale des Ministeriums für Staatssicherheit.

Der vorliegende Ausflugsführer soll den Weg zu einigen besonders eindrucksvollen Orten zeigen. Er erhebt keineswegs den Anspruch auf Vollständigkeit, vielmehr möchte er dem Leser einen Eindruck von der Vielfalt der geheimen Orte in ganz Brandenburg vermitteln. Insgesamt werden 21 Ausflugsziele vorgestellt, die stellvertretend für viele weitere ihrer Art stehen. Daneben laden die Kapitel »Bunkerwelten« und »Tierwelten« zum Erkunden besonders getarnter Objekte und schwer aufzuspürender Tierarten ein.

Bei der Lektüre dieses Buches und erst recht bei der Erkundung der einzelnen Gebäude, Ruinen, Flächen und Denkmäler wird sich nicht selten ein großes Erstaunen einstellen. Die Dimensionen etwa der ehemaligen Jugendhochschule am Bogensee, der Heilstätten in Beelitz oder am Grabowsee, des Olympischen Dorfes von 1936, des Kalkwerks in Rüdersdorf oder der Heeresversuchsstelle in Kummersdorf sprengen jede Vorstellungskraft. Hier schlummert ein gewaltiges Potenzial vor sich hin, für das heute einfach kein Bedarf mehr besteht. Oft verhindern auch Munitionsreste im Boden eine rasche Umnutzung des Geländes.

Daneben gibt es auch skurrile, weitgehend unbekannte Geheimnisse zu entdecken. Ein Herz in einem Altartisch, fast 100 Jahre alte Filmkulissenreste in einem Vorgarten oder die Überbleibsel eines Rundfunksenders, der einst vermeintlich geheime Parolen an Spione sendete, findet man nicht alle Tage.

Am Ende jedes Kapitels runden Hinweise für die Anreise und weitere Erlebnismöglichkeiten vor Ort die Informationen ab. Damit steht einer spannenden Entdeckungsreise nichts mehr im Wege.

Claus-Dieter Steyer

Waldsiedlung Wandlitz

Die Häuser von Honecker & Co. stehen noch

Die Siedlung der SED-Führungsmitglieder wurde nach der Wende 1989/90 mit Bezeichnungen wie »Bonzen-Ghetto«, »Funktionärsluxus« oder »Volvograd« (nach der von der Führungsclique bevorzugten Automarke) belegt. Obwohl das 1960 eröffnete Areal zum Stadtforst der Stadt Bernau gehört, was nach der Wiedervereinigung auch amtlich festgestellt wurde, war es das drei Kilometer entfernt gelegene Dorf Wandlitz, das sich das Synonym »Schandlitz« sowie einige andere Beschimpfungen gefallen lassen musste. Vor allem nach der Entlarvung des abgeschotteten und im Vergleich zum DDR-Standard recht luxuriösen Lebens von Honecker & Co. ließen Dutzende Zeitungs- und Filmbeiträge kein gutes Haar an dem Ort zwischen Wandlitz- und Liepnitzsee.

Das einst von einer 4,4 Kilometer langen Absperrung aus Beton und Stacheldraht und zusätzlich noch durch einen inneren Zaun gesicherte Gebiet ist nicht leicht zu finden. Selbst die vierspurige Protokollstrecke, die von der Ausfahrt Wandlitz der

Im heutigen Habichtweg 5 lebten Erich und Margot Honecker.

Barnim

Autobahn Berlin–Prenzlau bis zum Eingang der Waldsiedlung und daran vorbei bis zum Dorf führte, ist vor einigen Jahren zugunsten einer normalen Bundesstraße verschwunden. So bleibt als einzige Orientierung das Hinweisschild zur Einfahrt in die »Brandenburg Klinik« von der heutigen Bundesstraße 273.

Auf das Gelände selbst kann man mit dem Auto jedoch nicht fahren, weil die Patienten nicht gestört werden sollen. Erkundungen zu Fuß sind aber jederzeit möglich, auch wenn die Klinikleitung keinen Wert auf die ungewöhnliche Geschichte des Orts legt. Selbst die kleine Tafel vor dem früheren Wachgebäude am Eingangstor, die über den Wandel von der einst abgeschirmten Politbüro-Enklave zu einer großen Klinik informierte, ist vor einiger Zeit verschwunden.

Honeckers wohnten in Nummer 5

Die Zeit des großen Neugiertourismus ist auch längst vorbei, sodass der Heilungsprozess der Patienten ungestört verlaufen kann. Trotzdem sollten sich die Besucher auch vor den einstigen Wohnhäusern der SED-Elite zurückhaltend verhalten. Ein Betreten der Gebäude schließt sich aus. Die Häuser der Politbüromitglieder befinden sich im Bussardweg, im Habichtweg und im Eichelhäherweg, die von der Park- bzw. der Kurallee abzweigen.

Im Bussardweg 1 wohnten Otto Grotewohl und Willi Stoph (beide Ministerpräsidenten bzw. Vorsitzende des Ministerrats), in der Nummer 2 Erich Apel (Vorsitzender der Plankommission) und Erich Mückenberger (Chef der Parteikommission und der Gesellschaft für Deutsch-Sowjetische Freundschaft), in der Nummer 3 Horst Sindermann (Präsident der Volkskammer) und in der Nummer 4 Egon Krenz (Partei- und Staatschef nach Honecker). Zu den bekanntesten Bewohnern des Habichtwegs gehörten Walter Ulbricht und danach Planungschef Gerhard Schürer (beide Nr. 1), Erich Honecker (Nr. 5) sowie Agitationsfunktionär Joachim Hermann (Nr. 6). Stasi-Chef Erich Mielke war im Eichhäherweg 1 zu Hause, der Kulturverantwortliche Kurt Hager bewohnte hier Haus Nummer 5 und der Gewerkschaftsvorsitzende Harry Tisch das Haus Nummer 22 an der Parkallee.

Waldsiedlung Wandlitz 13

Die Außenmauer rund um die Waldsiedlung ist teilweise noch erhalten.

Fast gänzlich verschwunden sind auf dem Gelände die Hinweise auf die einstigen Grenzen zwischen Innen- und Außenring, die in Wirklichkeit nebeneinander lagen. Die einzelnen Abschnitte für die Funktionäre und die Dienstleister durften nur mit besonderen Ausweisen von Bediensteten betreten werden. Insgesamt kümmerten sich rund 600 Angestellte um das Wohlergehen und die Sicherheit der 23 Familien.

14 Barnim

STECKBRIEF

Die ehemalige Politbürosiedlung ist nach der Wiedervereinigung in die Brandenburg Klinik Bernau bei Berlin umgewandelt worden. Es gibt kein Museum und keine Ausstellung. Das macht das Gelände zum »geheimen Ort«.

Adresse
Brandenburg Klinik, Brandenburgallee 1, 16321 Bernau
www.brandenburgklinik.de

Anreise
Auf der Autobahn A 11 Berlin–Prenzlau bis zur Ausfahrt Wandlitz und dann in Richtung Wandlitz auf der B 273 bis zum Abzweig zur Brandenburg Klinik. Eine weitere Möglichkeit bietet von Berlin aus die L 100 (frühere B 109), bis zum Kreisel vor Wandlitz und dem Abzweig der B 273.
Vom S-Bahnhof Bernau führt ein Radweg zum Liepnitzsee mit Verbindung zur ehemaligen Waldsiedlung.
Die nächstgelegenen Bahnhöfe sind Bernau (S-Bahn und Regionalbahn) und Wandlitz (Heidekrautbahn aus Berlin-Karow).

Erlebnismöglichkeiten
Der Liepnitzsee in unmittelbarer Nähe der ehemaligen Waldsiedlung gehört zu den beliebtesten Badegewässern im Berliner Umland. Hier gab es auch eine besonders bewachte Badestelle für die SED-Politbüromitglieder. In Wandlitz befindet sich am Wandlitzsee ein öffentliches Schwimmbad. Außerdem gibt es ein Agrarmuseum und ab 2013 ein Info-Zentrum des Naturparks Barnim.

Einkehr
Restaurants befinden sich in Wandlitz und Bernau.

Beim Rundgang wird deutlich, dass die DDR-Führung in ihren biederen Einfamilienhäusern zwar nicht in überbordendem Luxus schwelgte, dafür aber abgeschottet vom normalen Treiben auf dem Lande lebte. Niemand musste sich mit alltäglichen Problemen herumschlagen oder etwa für Bananen, Heimelektronik oder Badezimmerarmaturen Schlange stehen. Außerdem besaßen die meisten Mitglieder der Führungsriege zusätzlich Ferienhäuser in der Schorfheide, an der Müritz und in anderen schönen Gegenden. Dort fehlte es meist nicht an höchstem Komfort.

Vor dem Umzug in die Waldsiedlung 1960 war die DDR-Regierung im Majakowskiring am Schloss Schönhausen in Berlin-Pankow untergebracht. Doch ließen das Ministerium für Staatssicherheit nicht zuletzt die Aufstände 1956 in Ungarn nach einem sicheren und besser zu bewachenden Ort Ausschau halten.

Erste Patienten bald nach dem Mauerfall

Am 14. Dezember 1989 beschloss die nach den Umbrüchen und dem Mauerfall neu gebildete DDR-Regierung unter Hans Modrow auf Vorschlag des Runden Tisches, die Siedlung in ein Rehabilitationszentrum umzuwandeln. Im Januar 1990 mussten daher alle Bewohner der Häuser ausziehen. Bereits einen Monat später, am 20. Februar, trafen die ersten 35 Patienten ein. Es folgten der Neubau eines Klinikgebäudes und Erweiterungen durch die private Michels-Gruppe. Mit rund 700 Betten gehört die Brandenburg Klinik zu den größten Reha-Zentren im Bundesland.

Der »Koloss am Bogensee«
Vom Refugium des Nazi-Propagandaministers
zur pompösen Kaderschmiede der FDJ

Zwei junge Männer schwangen sich an einem schönen Frühlingstag im März 1946 mit einem festen Ziel auf ihre Fahrräder. Im Berliner Umland wollten sie nach einem geeigneten Anwesen für die gerade zuvor gegründete Freie Deutsche Jugend (FDJ) Ausschau halten. Der »sozialistische Jugendverband« brauchte nach Überwindung der Hitlerdiktatur schließlich eine Schulungsstätte für die neuen Kader. Bei dem Suchtrupp handelte es sich um den FDJ-Vorsitzenden Erich Honecker und seinen Freund Heinz Keßler, der später als Armeegeneral zum DDR-Verteidigungsminister aufsteigen sollte. Beide konnten sich dank der Sonderausweise der sowjetischen Besatzungstruppen in der Region frei bewegen. In der Nähe von Bernau stießen sie in landschaftlich schöner Lage am Bogensee auf einen geheimnisvollen Gebäudekomplex. Die Häuser machten äußerlich zwar einen intakten Eindruck, waren aber offensichtlich zuvor geplündert worden. Zu ihrem großen Erstaunen erfuhren Honecker und Kessler bei ihren Recherchen, dass es sich um die Villa von Reichspropagandaminister Joseph Goebbels und deren Nebengebäude handelte. Ihr erster Blick in die Häuser und in die Umgebung fiel sehr positiv aus, sodass Honecker umgehend in einem Brief an die sowjetische Militärverwaltung den Wunsch nach Übernahme des Komplexes durch die FDJ formulierte.

Dem Anliegen wurde stattgegeben. Schließlich hatten die Sowjets großes Interesse an einer in ihrem ideologischen Sinne arbeitenden Kaderschmiede. Schon am 22. Mai 1946 begann der erste Lehrgang mit 50 Teilnehmern. Die provisorisch anmutende Ausstattung mit Strohsäcken und die karge Verpflegung störten in der entbehrungsreichen Nachkriegszeit kaum jemanden.

Der Weg zu dem bis heute fast im originalen Zustand erhalten gebliebenen Anwesen ist nicht ausgeschildert und bleibt Ortskundigen vorbehalten. Und das nicht ohne Grund. Nicht wenige Kommunalpolitiker umliegender Gemeinden verlangten Ende der 1990er-Jahre sogar den kompletten Abriss der

Hoch oben thront das Lektionsgebäude der früheren Jugendhochschule der FDJ.

Gebäude. Man wolle nicht zum »Wallfahrtsort der Neonazis« werden, hieß es in der Begründung.

Von Goebbels zum Kommunismus

Der einstige Nazi-Reichspropagandaminister hatte sich seinen pompösen Landsitz von 1936 bis 1939 von den Architekten Heinrich Schweitzer und Hugo Constantin Bartels entwerfen und bauen lassen. Goebbels hatte das fast 500 Hektar große Grundstück zu seinem 36. Geburtstag vom Land Berlin geschenkt bekommen. Ursprünglich hatte sich das Gelände im Besitz des Kämmerers und Geheimen Rats seiner Majestät, Graf Wilhelm von Redern, befunden. Dieser musste 1915 wegen hoher Schulden das von ihm 1876 erworbene Gut Lanke zusammen mit dem Bogensee für 20 Millionen Reichsmark an Berlin verkaufen.

Goebbels Plan war, sich auf dem Anwesen komfortabel zu erholen, sich mit Künstlern und Politikern zu treffen und sich ungestört zu amüsieren. Allein das mit einem Walmdach

18 Barnim

Das Landhaus von Reichspropagandaminister Goebbels.

ausgestattete Hauptgebäude verfügt über eine 1.600 Quadratmeter große Grundfläche und 30 Zimmer. Im eigenen Kino ließ sich Goebbels die neuen UFA-Streifen zeigen, nicht selten in Anwesenheit von Schauspielern wie Zarah Leander, Emil Jannings oder Heinz Rühmann. Die in den Boden versenkbaren Fenster waren noch mehrere Jahrzehnte später funktionstüchtig. Neben dem Haupthaus entstanden Wirtschafts- und Gästehäuser, die unter anderem der SS-Wachmannschaft dienten, sowie ein Wasser- und ein Klärwerk.

Ab April 1945 besetzten sowjetische und polnische Soldaten auf ihrem Vormarsch nach Berlin auch das Goebbels'sche Anwesen. Zusammen mit den anderen alliierten Armeen richteten sie hier bis zum Frühjahr 1946 ein Militärlazarett ein. Die im Anschluss durch die Initiative von Honecker hier ansässige Jugendschule änderte schon bald ihr Konzept. Aus dem anfänglich betont offenen Diskussionsforum über die Nachkriegszukunft machte die SED eine streng geführte Ausbildungsstätte für die Elite der FDJ.

Der »Koloss am Bogensee«

Zuckerbäckerstil in der Heide

Der 1950 unter dem Namen »FDJ-Jugendhochschule Wilhelm Pieck« geführte Landsitz musste bald erweitert werden. 1951 beauftragte der Zentralrat des Jugendverbandes die Architekten Kurt Liebknecht und Hermann Henselmann, neue Bauten für das Grundstück zu entwerfen. Parteichef Walter Ulbricht persönlich veränderte die ersten Pläne, weil sie seiner Meinung nach zu »sehr einer Feriensiedlung statt einem Institut für die sozialistische Erziehung« entsprachen. Wie sich Zeitzeugen später erinnerten, zeichnete Ulbricht selbst »griechische Tempel mit ionischen Säulen« und Elemente eines »sozialistischen Monumentalstils« in die Pläne. So sind bis heute Ähnlichkeiten mit den im Volksmund als »Zuckerbäckerstil« bezeichneten Wohnbauten in der Karl-Marx-Allee in Berlin, im Zentrum von Eisenhüttenstadt oder Gebäuden der Lomonossow-Universität in Moskau unverkennbar.

Schon kurze Zeit später wurde die Schule mit ihren sechs großen Seminar- und Internatsgebäuden zu einem geheimen Ort. Normale Besucher hatten keinen Zutritt mehr, und ab 1958 residierten hier auch Jugendfunktionäre aus »befreundeten« Ländern sowie aus wohlgesonnenen Verbänden wie der Palästinensischen Befreiungsorganisation PLO, der Südwestafrikanischen Volksorganisation SWAPO, des Afrikanischen Nationalkongresses ANC oder von den Sandinisten aus Nicaragua. Diese Vertreter lebten teilweise unter falscher Identität in der DDR und genossen entsprechenden Schutz. Später nahmen auch Mitglieder kommunistischer Jugendverbände aus westlichen Ländern an den Lehrgängen teil.

Helmut Schmidt als Sanierer

1981 gaben Helmut Schmidt und Erich Honecker auf dem Gelände am Bogensee eine viel beachtete Pressekonferenz. Weil man Schmidt und den internationalen Journalisten ein möglichst intaktes Gebäude präsentieren wollte, waren die Gebäude zuvor umfangreich saniert und ein Heizkraftwerk gebaut worden. Nach der Wende offenbarten die Stasi-Akten ein pikantes Detail für die Schornsteinhöhe des Kraftwerks.

Der Schornstein musste rund eineinhalb Meter niedriger als die vorgeschriebene Baunorm sein. Die Bauarbeiter und spätere Wartungsspezialisten sollten von oben keinen Einblick auf das Gelände des atomsicheren Führungsbunkers von Honecker im nahen Prenden nehmen können.

Als sich die FDJ 1990 nach Öffnung der Mauer und den politischen Wandlungen langsam auflöste, bestand auch für die Jugendhochschule am Bogensee kein Bedarf mehr. Der letzte Lehrgang begann im September 1989 und das Internat wurde im Sommer 1990 von den letzten ausländischen Teilnehmern verlassen. Die Suche nach einer sinnvollen Nutzung des Anwesens gestaltete sich als schwierig. Der fortan als »Koloss am Bogensee« bezeichnete Komplex mit einem 560 Plätze fassenden Plenarsaal, einem Kindergarten und den großen Gästehäusern schreckte nach einem Rundgang viele Interessenten ab. Eigentümer blieb das Land Berlin, obwohl eine Nichte Goebbels nach der Wiedervereinigung einen Antrag auf Rückgabe des Grundstückes gestellt hatte. Wie sich im April 1995 herausstellte, hatte sich Goebbels jedoch niemals im Grundbuch eintragen lassen. Abgesehen davon schloss die Gesetzeslage ohnehin eine Restitution von »zusammengerafften Vermögen von Nazigrößen« aus.

So wurde das Anwesen zunächst zur Ausbildungsstätte für den gemeinnützigen Internationalen Bund für Sozialarbeit, den jedoch die hohen Betriebskosten bald zum Auszug zwangen. Von 1991 bis 1999 versuchte das Internationale Bildungszentrum sein Glück mit einem Hotelbetrieb. 120 Angestellte kümmerten sich um immerhin 270 modernisierte Zimmer. Daneben wurden Jugendliche unter anderem in der Haus- und Hotelwirtschaft ausgebildet. Sie bedienten im Restaurant »Landhaus am Bogensee«, das in das einstige Goebbels'sche Anwesen eingezogen war. Es folgte der Leerstand, der bis 2005 lediglich durch die zeitweilige Unterbringung von Bereitschaftspolizisten unterbrochen wurde. Selbst eine auf Messen und in Zeitungen geschaltete weltweite Suche nach Interessenten blieb ohne Erfolg.

Der »Koloss am Bogensee« 21

STECKBRIEF

Das Gelände mit dem Landsitz des einstigen Reichspropagandaministers Goebbels und der ehemaligen FDJ-Hochschule am Bogensee ist frei zugänglich. In einem sanierten Gebäude arbeitet die Waldschule Bogensee, die Programme für Schulklassen und Familien sowie Übernachtungen anbietet. Das »Infrastrukturelle Netzwerk Umweltschutz« (INU) wird von der Senatsverwaltung für Stadtentwicklung Berlin unterstützt. Auskünfte unter www.inu-berlin.de

Anreise
Auf der Autobahn A 11 Berlin–Prenzlau bis zur Ausfahrt Lanke und dann in Richtung Wandlitz über Ützdorf bis nach Bogensee. Auch die L 100 (frühere B 109) bietet sich für Autofahrer aus Berlin an. In Wandlitz zweigt die Straße nach Lanke rechts ab.
Wanderer und Radfahrer können sich vom Bahnhof Wandlitzsee (Heidekrautbahn vom S-Bahnhof Berlin-Karow) auf den Weg machen.

Erlebnismöglichkeiten
Der Bogensee eignet sich zum Baden und liegt in der Nachbarschaft zum meist glasklaren Liepnitzsee und zum Wandlitzsee. Beide besitzen ein öffentliches Schwimmbad. In der Umgebung dominieren Wälder mit Kiefern, Buchen, Douglasien und Erlen. Auch der vor Jahren von der Forstverwaltung angelegte Naturlehrpfad ist noch begehbar. Die Waldwege bieten sich für ausgiebige Spaziergänge und Wanderungen an.

Einkehr
Gute bürgerliche Küche bietet das »Jägerheim« in Ützdorf. Empfehlenswert sind in Wandlitz das »Waldhotel« und das Restaurant »Seeterrassen«. Infos: www.barnim-tourismus.de

→ Extra-Tipp
Auf der Insel Großer Werder im Liepnitzsee befindet sich das Gartenlokal »Insulaner Klause«. Zur Insel verkehren von zwei Seiten Fähren. Details unter www.liepnitzinsel.de

Schloss Dammsmühle
Ein Schloss im Auf und Ab des Dornröschenschlafs

Führt ein Wegweiser zu einem Schloss, wird es sich dabei wohl kaum um einen geheimen Ort handeln. Dammsmühle im Wald bei Schönwalde nördlich von Berlin stellt hier eindeutig eine Ausnahme dar. Denn wer dem Schild an der Straße nach Mühlenbeck die angegebenen 1,8 Kilometer folgt, der steht zwar nach dem (leicht gangbaren) Umrunden eines Zaunes quer zur Straße tatsächlich irgendwann vor einem Schloss. Doch diese Bezeichnung verdient das Gebäude eigentlich nicht mehr oder höchstens aus sehr weiter Entfernung. Das Haus mit seinem hoch aufragenden Turm gleicht eher einer Ruine. Fenster und Türen sind verrammelt, der Putz blättert – alles in allem hinterlässt das ganze Anwesen einen unheimlichen Eindruck. Nichts deutet auf die wahrlich geheimnisvolle Geschichte von Schloss Dammsmühle hin.

Noch bis zum Herbst 1989 gehörte es zum Machtbereich des Ministeriums für Staatssicherheit. Dessen Chef Erich Mielke hatte hier seine Gäste empfangen und untergebracht. Da er zusammen mit den anderen Mitgliedern des SED-Politbüros in der nur einen Katzensprung entfernten Waldsiedlung Wandlitz wohnte, organisierten »seine« Truppen auch die Bewachung von Dammsmühle. Deren Mannschaftsunterkünfte stehen zwar noch, sind aber längst geplündert und beschädigt worden. Ganz in der Nähe des Grundstücks befand sich ein unterirdischer Nachrichtenbunker, in dem Spezialisten unter anderem die Telefonleitungen West-Berlins anzapften.

Die Geheimhaltung um Schloss Dammsmühle begann jedoch schon früher. 1940 übernahm die Behörde von SS-Reichsführer Heinrich Himmler das Anwesen als »feindliches Vermögen«, nachdem der jüdische Direktor des britischen Seifenkonzerns Unilever, Harry Goodwin Hart, Deutschland 1938 zwangsweise verlassen und sein Schloss Dammsmühle abgegeben hatte. Die persönliche Anwesenheit von Himmler im Gebäude ist nicht belegt. Hingegen gibt es eindeutige Hinweise auf den Einsatz von Häftlingen des KZ Sachsenhausens im Jahre 1943. Unbestätigten Berichten zufolge sollen sie in einer Werkstatt Geldscheine der Kriegsgegner gefälscht haben.

Schloss Dammsmühle

Das Schloss Dammsmühle liegt versteckt im Wald.

Napoleon und der Zar

Spätestens zu diesem Zeitpunkt waren alle Erinnerungen an das einst unbeschwerte und mitunter ausgelassene Treiben auf Dammsmühle vergessen. Seinen Namen hatte das Gelände vom Leder-Fabrikanten Peter Friedrich Damms erhalten, der das damalige Mühlengelände um 1755 erworben hatte. Sein barockes Herrenhaus empfing eine illustre Gästeschar, zu der Königin Elisabeth Christine, die ungeliebte Ehefrau Friedrichs II. zählte, ebenso wie Friedrich Wilhelm II. und seine Geliebte Wilhelmine Encke (die spätere Gräfin Lichtenau) oder 1812 sogar Kaiser Napoleon vor seinem Russland-Feldzug gehörten.

Das heutige Aussehen mit dem schlanken Turm geht auf Adolf Wollank, einen Spross der Berliner Unternehmerfamilie, zurück. Sein Umbau ab 1894 erlangte so viel Zuspruch, dass sich hier 1910 sogar Kaiser Wilhelm II. und Zar Nikolaus II. zum Gipfel trafen. Es folgten rauschende Feste, für die ein schwimmender Pavillon angeschafft wurde.

Die Geschichte vom Kriegsende 1945 bis zur Stasi-Hoheit ab 1959 ist schnell erzählt: nach einem Lazarett und einem Casino für sowjetische Offiziere waren auf dem Grundstück

24 Barnim

STECKBRIEF

Das Gelände ist frei zugänglich. Ein Spazierweg führt um den See, an dem regelmäßig Angler ihr Glück versuchen. Das Schloss selbst befindet sich in einem schlechten Zustand. Dennoch lohnt sich genauer Blick auf die baulichen Details der unterschiedlichen Epochen.

Informationen
www.schloss-dammsmuehle.de
(Seite des letzten Investors vor seiner Insolvenz).

Anreise
Mit dem Auto auf der B 109 von Berlin bis Schönwalde und hier links in Richtung Mühlenbeck abbiegen. Hinter dem Bahnhof Schönwalde (Heidekrautbahn aus Berlin-Karow) folgt nach einer Weile eine Linkskurve, an der die Zufahrtsstraße nach Dammsmühle nach rechts abbiegt. Die Anfahrt ist auch aus Mühlenbeck (Ausfahrt vom nördlichen Berliner Autobahnring) möglich.

Erlebnismöglichkeiten
In der Nähe befindet sich der Mühlenbecker See mit Badestellen. Das Waldgebiet lädt zu Wanderungen ein – unter anderem zum Eisenbahnmuseum in Basdorf (Heidekrautbahn). Radfahrer könnten eine große Runde von Berlin-Buch–Schönwalde–Dammsmühle–Gorinsee–Berlin-Buch drehen.

Einkehr
In Mühlenbeck, Schönwalde, Basdorf und Wandlitz laden Restaurants zum Besuch ein.

→ Extra-Tipp
Das weiße Schloss spiegelt sich im See, sodass Hobbymaler am Ufer ein gutes Motiv finden. Dort gibt es Bänke und schöne Plätze für ein Picknick.

Schloss Dammsmühle 25

Der lange Leerstand hat seine Spuren am Schloss hinterlassen.

ab 1951 eine Bildungsstätte, ein Erholungsheim und ein Ferienlager beheimatet.

Nach dem Auszug der Stasi ging es auf Dammsmühle zunächst wieder hoch her. 1991 staunte ganz Deutschland über die Traumkulisse im Mehrteiler mit Hildegard Knef *Haus am See*. Ein Restaurant und ein Hotel machten Dammsmühle zum beliebten Ausflugsziel und Hochzeitsort für viele Berliner. Doch konnte man gegen die wachsende Konkurrenz von neuen Etablissements nicht bestehen. Hoffnung verbreitete ein Käufer aus Niedersachsen, der das Gelände von den Erben des vertriebenen Fabrikanten Hart übernommen hatte. Seine Pläne beinhalteten eine Klinik und ein gehobenes Restaurant. Da nichts von dem geschah, nahm der Verfall des Gebäudes seinen Lauf. Zuletzt versuchte sich ein Investor mit Plänen für einen im Berliner Umland einzigartigen Erlebnispark. Er machte Pleite. Ein Nachfolger für die geheimnisumwitterte Anlage ist nicht in Sicht.

Zentrales Aufnahmeheim Röntgental

Hier wurde über die Zuwanderung
in die DDR entschieden

Äußerlich ist der siebengeschossige Wohnblock am westlichen Ortsrand von Zepernick kaum noch als typischer DDR-Plattenbau zu erkennen. Viel Farbe, neue Balkons und ein großzügig gestalteter Eingangsbereich machen das Gebäude zu einem freundlich wirkenden Ort, an dem sich offensichtlich vor allem ältere Menschen wohlfühlen. Das heutige Feierabend- bzw. Seniorenheim »Eichenhof« im Ortsteil Röntgental nordöstlich Berlins lässt nichts von der weitgehend unbekannten und lange Zeit geheimen Geschichte des Geländes erahnen. Nur eine Tafel erinnert noch an das »Zentrale Aufnahmeheim (ZAH) Röntgental«. Zwischen 1979 und 1989 mussten hier vor allem Übersiedler aus Westdeutschland und Rückkehrer aus der DDR meist mehrere Wochen verbringen, bis über ihr »Aufnahmeersuchen« entschieden wurde.

Genaue Zahlen über die Betroffenen sind nicht bekannt, aber es dürften nach Gründung der beiden deutschen Staaten 1949 einige Tausend gewesen sein. In den 1950er- und 1960er-Jahren gab es neben diesem Zentralen Aufnahmeheim noch mehrere andere Heime für Übersiedler aus dem Westen. Als Gründe für die Übersiedlung spielten Erbschaften, Familien- und Liebesbeziehungen ebenso eine Rolle wie politische Überzeugungen. Bei nicht wenigen zuvor in die Bundesrepublik geflüchteten DDR-Bürgern war die Weigerung der Behörden, den Ehepartnern oder Kindern eine Ausreise zu erlauben, ausschlaggebend für die Rückkehr. Ende der 1970er-Jahre reichte für den jährlichen Durchlauf von etwa 300 Personen das Heim in Röntgental aus.

Wie aus dem Text der Hinweistafel hervorgeht und Recherchen vor Ort bestätigen, dauerten die intensiven Verhöre und Untersuchungen oft mehrere Monate. Die Insassen durften das mit einem Wellblechzaun und Stacheldraht abgeriegelte Gelände nicht verlassen. Viele wussten gar nicht, wo sie sich überhaupt befanden und wie lange sich ihr Aufenthalt noch

Zentrales Aufnahmeheim Röntgental 27

STECKBRIEF

Im ehemaligen Wohn- und Verwaltungsblock verbringen heute ältere Menschen ihren Lebensabend. Deren Privatsphäre sollte respektiert werden. Besuche sind aber nach Anmeldung möglich.

Informationen
www.ddr-rueckehrer.de und
www.eichenhof-seniorenpflegeheim.de

Anreise
Das frühere Aufnahmeheim liegt am Rande von Zepernick in der Schönerlinder Straße 11. Zepernick selbst gehört zur Gemeinde Panketal (Postleitzahl 16341). Zepernick ist über Berlin-Buch zu erreichen. Vom S-Bahnhof Röntgental dauert eine Radtour (entlang der S-Bahn-Trasse und dann auf der Schönerlinder Straße) rund zehn Minuten.

Einkehr
In der Nähe des S-Bahnhofes Röntgental gibt es mehrere Möglichkeiten zur Einkehr (u. a. das »Café Madlen«).

Erlebnismöglichkeiten
Direkt am Seniorenheim beginnt ein kombinierter Rad- und Skaterweg nach Hobrechtsfelde und weiter bis zum Liepnitzsee. Die früheren Rieselfelder haben sich zu einem Erholungsgebiet mit Kunst am Wegesrand sowie eingezäunten Wildpferden entwickelt. Hier bieten sich unter anderem Ausflüge zum Gorinsee an.

→ Extra-Tipp
Der am Seniorenheim beginnende Radweg führt im nahen Hobrechtsfelde an einem Kletterpark vorbei. Von oben hat man einen guten Blick auf die Wildpferde.

In diesem Plattenbau wurden Rückkehrer und Übersiedler in die DDR durchleuchtet.

hinziehen würde. Da längst nicht alle Insassen diesen Belastungen standhalten konnten, kam es zu zahlreichen Selbstmordversuchen und Selbsttötungen. Nicht selten spielte dafür ein abgelehnter Aufnahmeantrag eine Rolle, für den eingeschleuste Stasi-Spitzel die entsprechenden Analysen ablieferten.

Grund für die meist langwierige Prozedur, die im Jargon der Betroffenen und Bediensteten auch »Quarantäne« genannt wurde, war das große Misstrauen der DDR-Behörden. Sie befürchteten die »Einschleusung von Spionen und Saboteuren« und die »Verbreitung westlichen Gedankenguts«, wie Betroffene später in Fernsehdokumentationen berichteten.

In der Wendezeit im Herbst 1989 entlud sich der Zorn der Einwohner von Zepernick auf das Regime und die Stasi auch vor dem Zentralen Aufnahmeheim. Es kam zu Demonstrationen, auf der die Menschen vor allem eine Losung skandierten: »ZAH zu FAH« – also vom Aufnahmeheim zum Feierabendheim. Genauso ist es wenig später gekommen.

Carinhall

Der verschwundene Landsitz eines
NS-Kriegsverbrechers

Trotz seiner Höhe von etwa einem Meter fällt der Stein im Park des Jagdschlosses Groß Schönebeck in der Schorfheide kaum auf. »Carinhall« liest man auf der dem Eingang abgewandten Seite, also in Richtung Schlossmuseum. Die Besucher des Museums werden anhand von schier unglaublichen Fundstücken aus den Tiefen des Waldbodens sowie des nahegelegenen Döllnsees und Wuckersees über die Geschichte dieses geheimnisumwitterten Ortes aufgeklärt. Genau hier befand sich zwischen 1933 und 1945 nämlich das pompöse Anwesen des Reichsmarschalls und führenden Nationalsozialisten Hermann Göring. Dieser gab der abgeschiedenen Residenz den Namen seiner ersten Frau Carin, die bereits 1931 verstorben war und deren Leichnam in einer Gruft am Rande des sogenannten Waldhofes am Wuckersee zur Ruhe gebettet wurde.

Der besagte Stein stand von 2000 bis 2006 als »geografischer Hinweis« noch an der Einfahrt zu »Carinhall«. Zuvor hatte dort seit 1993 ein Findling mit der falsch geschriebenen Aufschrift »Karinhall« gelegen. Auftraggeber für beide Hinweissteine war die Schutzgemeinschaft Deutscher Wald. Gemäß einer Empfehlung von Historikern wollte man den Ort der Selbstinszenierung des Hitler-Stellvertreters dadurch »entmystifizieren«, wie es damals hieß. Anstatt Scharen von Schatzgräbern die halbe Schorfheide nach irgendwelchen Relikten aus der NS-Zeit durchforsten zu lassen, sollte jedermann auf den Standort von »Carinhall« aufmerksam gemacht und über die Aussichtslosigkeit eines Wühlens im Untergrund informiert werden. Denn die Wehrmacht selbst hatte am 28. April 1945, als das Heranrücken der Roten Armee schon zu hören war, auf Befehl Görings alle Gebäude mit 80 Fliegerbomben gesprengt. Bis Juni 1946 riegelten die sowjetischen Besatzungstruppen das Gelände ab, zerstörten aber viele vereinzelt noch vorgefundene Skulpturen. Den größten Teil der während des Krieges in den von den Nazis besetzten Ländern geraubten Kunstgegenstände hatte der Reichsmarschall schon frühzeitig ausgelagert. Bevor das Gelände in den 1950er-Jahren fast gänzlich

Schorfheide

Dieser Stein markierte bis 2006 den Standort des Anwesens von Göring in der Schorfheide.

eingeebnet, teilweise abgesperrt und unter Naturschutz gestellt wurde, war es zu weiteren Plünderungen gekommen. Man pflanzte schnellwachsende Lärchen, um die Vergangenheit endgültig unkenntlich zu machen.

Der Standort des einstigen Landsitzes, wo Göring nicht nur Politiker aus vielen Ländern, sondern auch zahlreiche Ufa-Stars wie Heinz Rühmann zu Gesprächen empfing, ist heute nur noch schwer zu finden. Der große Stein als Wegmarke verschwand 2006 auf Anweisung der Brandenburger Landesregierung, nachdem sich in- und ausländische Besucher über den »Hinweis auf einen Kriegsverbrecher« beschwert hatten. Man beklagte, dass Ewiggestrige den einstigen Landsitz zum Wallfahrtsort machen könnten und außerdem das Fehlen anderer Hinweise auf die Geschichte des Ortes und dessen Eigentümers. Seitdem steht der Stein im Park des Jagdschlosses Groß Schönebeck.

Figuren im See

Das heutige Museum zeigt sowohl Modelle von »Carinhall« im Jahre 1945 und zur Zeit seiner geplanten Fertigstellung 1953 als auch drei überlebensgroße Bronzeskulpturen von Arno Breker. Die Figuren, die einst den Landsitz schmückten, wurden im Juli 1990 von Polizeitauchern aus dem Großen Döllnsee gefischt. Auch eine 1991 von einem Hobby-Historiker aus dem Erdboden gebuddelte Marmorsäule und sogar verrostete Reste der Modelleisenbahn Görings sind zu sehen.

Döllnsee

Fledermäuse und andere Tiere haben das Labyrinth unter Carinhall erobert.

So sind vom geheimen Ort »Carinhall«, der selbst bei frei zugänglichen Satellitenaufnahmen durch eine große weiße Wolke verdeckt wird, heute nur noch die ehemaligen Torhäuser der früheren Einfahrt mit den Insignien Görings und die früheren Wachgebäude übrig geblieben. Diese findet man rund vier Kilometer von der L 100 (frühere B 109) entfernt. Aus Richtung Berlin muss man dabei an den Häusern der früheren Waldschule, die vor einiger Zeit nach Groß Schönebeck umgezogen ist, nach rechts abbiegen.

An den Ufern des Döllnsees und des benachbarten Wuckersees zeugen noch einige Ziegelhaufen und Fundamentreste von der »braunen Vergangenheit« dieses schönen Fleckens Erde. Stellenweise ragen Fundamente von Flakstellungen aus der Erde. Alle anderen der in den 1990er-Jahren entdeckten Bunker, von denen einer heute als Fledermausquartier dient, oder sonstige Einstiege sind zugeschüttet worden. Dennoch hinterlässt ein Spaziergang über das Gelände sehr zwiespältige Gefühle.

Carinhall 33

STECKBRIEF

Zum einstigen Landsitz von Hermann Göring führen kleine Hinweisschilder mitten im Wald. Der Waldhof lag inmitten der Schorfheide nördlich Berlins in der Landenge zwischen dem Großen Döllnsee und dem Wuckersee. Informationen über die historischen Zusammenhänge bietet die täglich geöffnete Ausstellung »Jagd und Macht« im Museum in Groß Schönebeck (am Jagdschloss).

Informationen
Jagdschloss Groß Schönebeck, Schlossstraße 6,
16244 Schorfheide, www.jagdschloss-schorfheide.de

Anreise
Auf der L 100 von Berlin nach Norden bis in die Schorfheide. Hinter Groß Schönebeck und vor dem Abzweig zum Hotel »Döllnsee« führt ein Weg zur ehemaligen Waldschule und von dort weiter auf das Areal des früheren Landsitzes.

Erlebnismöglichkeiten
Die Schorfheide ist von einem dichten Wegenetz für Wanderer und Mountainbiker durchzogen. In Groß Schönebeck lohnt sich ein Besuch des Wildparks mit zahlreichen einheimischen Tierarten sowie des Kletterparks.

Einkehr
In Groß Schönebeck ist das Hotel und Restaurant »Zum weißen Hirsch« gegenüber vom Jagdschloss zu empfehlen. Mitten im Wald befindet sich das »Gut Sarnow« mit Restaurant- und Hotelbetrieb. Von hier aus ist es nur ein Katzensprung bis zum Werbellinsee, wo mehrere Einkehrmöglichkeiten bestehen (u. a. »Cafe Wildau« und »Hubertusstock«).

→ Extra-Tipp
Voller Geschichte steckt das heutige »Hotel Döllnsee-Schorfheide«. Das Haupthaus wurde in den Jahren 1934/1935 im Auftrag von Hermann Göring für seinen »Leibjäger« Willi Schade gebaut. Der sollte von hier aus das Wild hegen, die

Jagden vorbereiten und Gäste durchs Gelände führen. Das Anwesen diente außerdem als Gästehaus für »Carinhall«. Nach dem Krieg ging das Gebäude in den Besitz der DDR-Jugendorganisation FDJ über und wurde bis Ende 1954 als Jugendherberge genutzt. Danach diente es der DDR-Regierung und dem Zentralkomitee der SED als repräsentatives Ferien- und Gästehaus. Walter Ulbricht starb am 1. August 1973 in diesem Gebäude. Im Dezember 1981 besprachen sich hier Helmut Schmidt und Erich Honecker. Heute ist es ein stattliches Wellnesshotel (www.doellnsee.de).

Jagdhaus »Wildfang«

Honeckers verstecktes Domizil brachte es
zu einer Erwähnung in der Weltpresse

Als im Herbst 1989 erstmals ein DDR-Fernsehteam die Waldsiedlung des Politbüros bei Wandlitz besuchte, war die Enttäuschung groß. Die bieder wirkenden Einfamilienhäuser, der Funktionärsclub und das Ladenkombinat entsprachen längst nicht den Erwartungen eines »Lebens in Saus und Braus«. Wie sich jedoch einige Wochen später herausstellte, ließ es sich die Partei- und Regierungsspitze aber tatsächlich sehr wohlergehen. Allerdings gönnte sie sich einen für ostdeutsche Maßstäbe überschwänglichen Luxus nicht in der Siedlung, sondern in ihren Jagdresidenzen. Erich Honecker ließ sich beispielsweise eine pompöse Residenz bei Drewitz in der Mecklenburgischen Seenplatte bauen, die erst Ende 2011 von einer niederländischen Hotelgruppe ersteigert wurde. Doch sein eigentlicher Lieblingsort lag versteckt inmitten der Schorfheide. Das »Jagdhaus Wildfang« zwischen Groß Schönebeck und dem

Honecker machte das Wärtergebäude des einstigen Elchgeheges zu seinem Jagdhaus »Wildfang«.

36 Schorfheide

STECKBRIEF

Honeckers Jagdhaus ist nicht öffentlich zugänglich. Die Wahl des Ortes zeugt von seinem Drang, sich abzuschotten und möglichst rasch auf die Jagd gehen zu können.

Anreise
Von der Straße zwischen Groß Schönebeck und Eichhorst (Eichhorster Chaussee) zweigt etwa 100 Meter vor dem Ortsteilschild Sarnow ein Fahrweg nach links in den Wald ab. Hier hängt ein Schild mit der Zahlenreihe 3153. Gleich dahinter folgt der Hinweis auf das Naturschutzgebiet (Eule). Der Weg führt immer geradeaus, vorbei an einem Wohnhaus. An einer Wegkreuzung kann man beide Richtungen einschlagen. Vor dem Jagdhaus befindet sich eine Pflasterstraße, die aber langsam zuwächst. Die Entfernung von der Straße zum Jagdhaus beträgt rund drei Kilometer.

Einkehr
Das Gut Sarnow bietet einen Hotel- und Restaurantbetrieb.

→ Extra-Tipp
Der nahe Pinnowsee eignet sich gut zum Baden.

Werbellinsee bot für ihn und seine Familie alle Annehmlichkeiten.

Auf das bis heute nur schwer auffindbare Areal zog sich der Parteichef so oft wie möglich zurück. Selbst die dienstäglichen Politbüro-Sitzungen in Berlin soll er nicht selten so schnell wie möglich abgehandelt haben, sodass er von »Wildfang« aus auf die Jagd gehen konnte. Das Fachwerkhaus macht ebenso wie die benachbarten Unterkünfte für die Wachmannschaften und die Garagen einen äußerlich intakten Eindruck. Das liegt sicherlich zum einen an der abgelegenen Lage. Andererseits arbeitete hier bis Anfang 2012 die Naturwacht des Biosphärenreservats Schorfheide-Chorin und verhinderte so jeglichen Vandalismus. Bis zu 30 Angestellte fanden auf dem Areal zeitweilig einen Arbeitsplatz. Einige übernachteten hier sogar. Inzwischen sind sie in den Bahnhof Groß Schönebeck umgezogen.

Über die ursprüngliche Ausstattung des Jagdhauses ist wenig bekannt. Gerüchten nach der Wende zufolge fanden die ersten Besucher nach dem Abdanken Honeckers ganze fünf Gegenstände aus DDR-Produktion in der Wohnung. Dabei soll es sich um Kinderbücher gehandelt haben. Verlässlichere Fakten kamen im Sommer 1999 ans Tageslicht. Das Berliner Verwaltungsgericht verhandelte über den Antrag von Margot Honecker, das nach der Wende beschlagnahmte Vermögen in Höhe von 234.873,70 DDR-Mark wieder herauszugeben. Dabei kamen die Gutachter zu dem Schluss, dass allein die drei Jagdhäuser Erich Honeckers, die Einrichtungen und Geländewagen rund 40 Millionen DDR-Mark kosteten.

»Nach außen gab das Jagdhaus Wildfang nichts her«, sagte die Vorsitzende Richterin im Prozess. Doch die Ausgaben für das 10.000 Quadratmeter große Objekt mit einem 1981 errichteten Wohnhaus, Wirtschaftsräumen, einer Wildhalle, einem Boots- und Badehaus seien beträchtlich gewesen. 4,2 Millionen DDR-Mark hätten die Aus- und Umbauten gekostet. Hinzu seien zwischen 1982 und 1988 Energiekosten in Höhe von rund 600.000 DDR-Mark gekommen. Alle Kosten wurden von Konten des Ministeriums für Staatssicherheit abgebucht.

Das Gericht wies die meisten Anträge von Honeckers Witwe als unbegründet zurück.

Der »Attentäter« richtete sich selbst

Während über die Lage der einzelnen Jagdhäuser gerade in der Schorfheide zu DDR-Zeiten Stillschweigen bewahrt wurde, brachte es ausgerechnet »Wildfang« zu einer Erwähnung in der internationalen Presse. Im Zusammenhang mit der Berichterstattung über das von der Illustrierten *Stern* enthüllte angebliche Attentat auf Honecker zu Silvester 1982 tauchte auch der Name des Jagdhauses auf. Wie üblich hatte sich Honecker demnach an jenem Tag mit einer Wagenkolonne auf den Weg von der »Waldsiedlung Wandlitz« ins Domizil in der Schorfheide begeben, als der Ofensetzer Paul Eßling dem Auto des Parteichefs auf der heutigen B 109 die Vorfahrt nahm. Eßling wurde von den Sicherheitsleuten in einem nachfolgenden Auto ausgebremst und zum Anhalten gezwungen. Der unter

Alkoholeinfluss stehende Handwerksmeister schoss mit einer von seinem Vater geerbten Pistole auf einen Polizisten und verletzte ihn lebensgefährlich. Daraufhin feuerte ein zweiter Beamter auf Eßling, der dadurch offenbar in Panik geriet und sich schließlich selbst tötete.

Die Staatsanwaltschaft Neuruppin kam 1995 zu dem Ergebnis, dass es nie ein Attentat auf Honecker gegeben hatte.

In der Schorfheide entstand auf Weisung von Stasi-Chef Erich Mielke auch das »Jagdhaus Dölln«, das jedoch kaum genutzt wurde. Mielke hatte sich in Wolletz bei Angermünde für sich selbst ein Anwesen für die Jagd bauen lassen.

Am Trämmersee bei Schluft in der Nähe von Groß Schönebeck nutzte der für Wirtschaft zuständige Politbüro-Sekretär Günter Mittag ein Haus auf dem einstigen Anwesen von Richard Walther Darré, NS-Reichsminister für Landwirtschaft und Reichsbauernführer. Dessen Blockhaus war kurz vor Kriegsende 1945 abgebrannt.

Buchenwald Grumsin
Weltnaturerbe unter Geheimhaltung

Es scheint, als führe die Vergabe des begehrten Titels »Weltnaturerbe« manchmal zu unerwarteter Geheimniskrämerei, gar zu Täuschungen und zu vorher nicht für möglich gehaltenen Verboten. Diesen Eindruck kann man zumindest bei dem im Juni 2011 von der UNESCO geadelten Buchenwald Grumsin am östlichen Rand der Schorfheide gewinnen. Zwar steht der Wald damit in einer Reihe mit so bekannten Attraktionen wie dem Grand Canyon, den Galapagos-Inseln und dem Great Barrier Reef. Den einheimischen Naturschützern wäre es jedoch am liebsten, die Touristen machten einen großen Bogen um dieses Juwel. Sie befürchten Schäden am Bestand der im Schnitt 90 Jahre alten Buchen. So gibt es von offizieller Seite nur das Angebot geführter Wanderungen, für die man sich in der Regel vorher anmelden muss. Freigegebene Wege verlaufen dagegen selbst zum Leidwesen der Anwohner nur am Rande des schönen Naturdenkmals, wobei einige Hinweisschilder die Spaziergänger sogar absichtlich in die Irre führen.

Versteckte Seen machen den Reiz des Grumsins aus.

40 Schorfheide

STECKBRIEF

Das Naturschutzgebiet Grumsiner Forst/Redernswalde ist rund 6.000 Hektar groß. Besucher sind angehalten, nur offizielle Wege zu benutzen. Von der besonders geschützten Kernzone (640 Hektar) gehören 570 Hektar zum UNESCO-Weltnaturerbe. Es sollte nicht betreten werden.
Informationen über geführte Wanderungen auf der Internetseite www.angermuende-tourismus.de

Anreise
Von Berlin aus geht es auf der Autobahn A 11 in Richtung Prenzlau bis zur Ausfahrt Joachimsthal. Dort rechts auf die Bundesstraße nach Althüttendorf abbiegen. Die Straße führt weiter nach Altkünkendorf. Vor Grumsin befindet sich der Abzweig auf die alte Pflasterstraße. Am Rand stehen Hinweisschilder. Auch eine Anfahrt über Angermünde und Altkünkendorf ist möglich. Dort nutzt man die Straße nach Althüttendorf.

Erlebnismöglichkeiten
Ganz in der Nähe laden der Grimnitzsee und der Wolletzsee zum Baden ein. Der kleine Ort Glambeck besitzt eine jederzeit offene Fahrradkirche. In der Blumberger Mühle nördlich von Angermünde befindet sich im Besucherzentrum für das Biosphärenreservat Schorfheide-Chorin eine Ausstellung zum Grumsin.

Einkehr
In Joachimstahl und Angermünde gibt es mehrere Restaurants.

→ Extra-Tipp
Das Besucher- und Informationszentrum des Geoparks Eiszeitland am Oderrand zeigt in Groß-Ziethen (Historische Dampfmühle) auch eine Ausstellung zum Weltnaturerbe Buchenwald Grumsin. Hier starten auch regelmäßig Wanderungen zum »Tor« des Grumsin (www.amt-joachimsthal.de).

Eine Tour gibt es allerdings, die mit gutem Gewissen auch für individuelle Erkundungen im Grumsin empfohlen werden kann. Ein angemessenes Verhalten, das auch die Vorsicht vor herabfallenden Zweigen oder gar Ästen mit einschließt, wird dabei selbstverständlich vorausgesetzt. Der Weg beginnt am Abzweig einer uralten Pflasterstraße von der Landstraße zwischen Althüttendorf und Altkünkendorf, rund 200 Meter vor der kleinen Siedlung Grumsin entfernt. Die Einheimischen nennen den Weg mitunter »Mönchstraße«, weil der Buchenwald auf ihm schon vor Hunderten von Jahren durchquert worden war.

Schon nach kurzer Zeit fühlt sich der Wanderer oder Radfahrer tatsächlich wie in einer ganz anderen Welt. Die hohen Buchen verbreiten eine ganz besondere Stimmung. Überdies überrascht der Wald mit einem erstaunlich abwechslungsreichen Relief. Die Eiszeit hat hier tiefe Senken, hoch aufragende Hügel, kleine und große Seen, Moore und damit beste Bedingungen für Kraniche, Fischotter, Schwarzstörche, Schwarzspechte und andere seltene Tiere geschaffen. Für deren Beobachtung muss der Pflasterweg gar nicht verlassen werden. Da hier seit 1990 kein Holz mehr geschlagen wird und das ganze Gebiet einst als Jagdrevier abgeschirmt war, entwickelt sich der ganze Grumsin langsam aber sicher zurück in einen Urwald. Selbst das Pflaster des Weges ist mitunter nicht mehr zu erkennen. Die Natur holt sich alles zurück.

Die Tour endet in der kleinen Siedlung Luisenfelde, die wenig später in das Dorf Klein Ziethen übergeht. Von hier kann entweder der Rückweg oder die weitere Fahrt über Schmargendorf nach Angermünde angetreten werden.

Jagdschloss Hubertusstock
Durch den Geheimgang aus der Kellerbar direkt in den Wald

Für die Rettung aus höchster Not nimmt selbst ein Staatschef schon mal den Kriechgang in Kauf. Ungefähr so müssen es sich die Konstrukteure eines geheimen Ganges gedacht haben, der vom Jagdschloss Hubertusstock zu einem rund 100 Meter entfernten Ausstieg in einem als Gerätehaus getarnten Gebäude führt. Und deswegen ließen sie den Tunnel nur so hoch bauen, dass man in ihm auf allen Vieren am besten vorwärts kommt. Der Eingang liegt hinter einer unscheinbaren Tür in der Kellerbar des Jagdschlosses verborgen und der Tunnel selbst führt im Zickzackkurs unter einem Weg und dem angrenzenden Waldboden ins Dickicht. Über eine Leiter werden die »Flüchtigen« wieder ins Freie geführt. Dieser bis heute existierende Geheimgang ist nur einer von vielen Raritäten auf Schloss Hubertusstock, das seinen Bekanntheitsgrad vor allem den brisanten deutsch-deutschen Gesprächen in den

Das Jagdschloss Hubertusstock wurde in den 1970er-Jahren abgerissen und neu aufgebaut.

Jagdschloss Hubertusstock 43

Die auf dieser Couch entstandenen Fotos gingen einst um die Welt.

1980er-Jahren verdankt. Streng genommen verdient das Gebäude den Namen »Schloss« gar nicht und auch die Innenausstattung mutet wenig pompös an. Aber dafür hat das heute als Hotel genutzte Haus seinen nostalgischen Charme dank seiner etwas versteckten Lage bewahren können.

Die Kellerbar mit den beiden ominösen Türen – die rechte verschloss lediglich ein größeres Regal mit Wein-, Schnaps- und Champagnerflaschen – befindet sich nicht mehr im Originalzustand. Sie wurde nach der Wende umgebaut. Dafür existiert im ersten Stock noch die Suite von Erich und Margot Honecker. Auch wenn das Badezimmer keinem Vergleich mit den heute üblichen Luxusstandards standhält, rangiert es gemessen an den damals üblichen DDR-Maßstäben im gehobenen Bereich. Tochter Sonja hatte im Jagdschloss sogar ein eigenes Bad. Die Fliesen wurden allerdings erst 1992 auf Anweisung eines Hoteldirektors mit blauen Delphinen verziert, die das Weiß etwas auflockern sollten. Ab 1974 feierten die Honeckers auf Hubertusstock ein paar Jahre lang das Weihnachtsfest und den Jahreswechsel, bevor sie in das eigene Jagdhaus »Wildfang« umzogen.

44 Schorfheide

Der Kamin stammt noch aus der Kaiserzeit.

Das Clubzimmer mit seinem aus der Kaiserzeit stammenden Kamin hat sich mittlerweile stark verändert. Die Couch im Foyer allerdings trotzte allen Umbauphasen. Im Dezember 1981 lächelten auf ihr Honecker und Helmut Schmidt in die Kameras. Am nächsten Tag rief General Jaruzelski in Polen das Kriegsrecht aus. Im Juli 1983 handelte im Jagdschloss der bayerische Ministerpräsident Franz Josef Strauß mit Honecker den berüchtigten Milliardenkredit aus. Aber auch die Staatschefs Fidel Castro und Leonid Breschnew saßen mit Honecker schon auf jener Couch, die aus der einst für den Palast der Republik in Berlin entworfenen Kollektion stammt.

Einer der letzten Staatsgäste in der Schorfheide war im August 1988 Oskar Lafontaine. Der damalige saarländische Ministerpräsident und stellvertretende SPD-Bundesvorsitzende genoss im Anschluss an die Gespräche noch eine Rundfahrt über den nahe gelegenen Werbellinsee, bei der auch der Honecker-Nachfolger Egon Krenz mit von der Partie war.

Die Ära Honecker in der Schorfheide endete am 8. November 1989. An jenem Tag ließ er sich noch einmal in das Revier Kienhorst fahren, um hier einen Rothirsch zu erlegen. Einen Tag später fiel die Berliner Mauer.

Jagdschloss Hubertusstock 45

STECKBRIEF

Das »Jagdschloss Hubertusstock« wird als Hotel betrieben und gehört der Samuel Braun Group. Gäste können in einem speziellen Angebot auch in der Honecker-Suite übernachten.

Informationen
Tel. 03 33 63/5 00 oder unter www.hubertusstock.de

Anreise
Autofahrer nehmen die Ausfahrt Finowfurt von der Autobahn A 11 Berlin–Prenzlau, fahren auf der B 167 in Richtung Neuruppin und biegen kurze Zeit darauf auf die B 198 nach Joachimsthal ab. Die Einfahrt zum Jagdschloss ist ausgeschildert. Hubertusstock liegt in unmittelbarer Nähe des Radwegs Berlin–Usedom.

Einkehr
Das Ringhotel »Tagungszentrum der Wirtschaft« vor dem eigentlichen Jagdschloss bietet im Restaurant »Von Hövel« eine niveauvolle Einkehr. Zu empfehlen ist außerdem das Café »Wildau« direkt am Werbellinsee. Vor dem Besuch von Helmut Schmidt 1981 im Jagdschloss wurde die Ruine des einstigen Ausfluglokals in den See geschoben, um so schnell einen Schandfleck zu beseitigen. Im Jahre 2009 eröffnete das Hotel und Restaurant im ursprünglichen Stil.

Erlebnismöglichkeiten
Das Jagdschloss bietet sich als Ausgangspunkt für viele Wanderungen und Radtouren an. Nicht weit entfernt liegt die Aussichtsplattform auf dem ehemaligen Wasserturm von Joachimsthal »Biorama«, die einen guten Überblick über die Schorfheide gewährt (www.biorama-projekt.org).

→ Extra-Tipp
Ab Herbst 1898 nutzte der Kaiser Wilhelm II. für die Anreise aus Berlin zum Jagdschloss Hubertusstock die Eisenbahn. Standesgemäß erhielt die Station einen Kaiserpavillon. Nach umfangreicher Renovierung bietet der »Hörspiel-Bahnhof« heute ein umfangreiches Programm.

Ein neues Schloss nach altem Muster

Der noch heute existierende Geheimgang hinter der Kellerbar wäre ohne den Neubau des Jagdschlosses im Jahre 1973 nicht möglich gewesen. Damals war das von 1847 bis 1849 im Auftrag des preußischen Königs Friedrich Wilhelm IV. im bayerischen Landhausstil zu Ehren seiner Frau, einer Tochter des Königs Maximilian I. von Bayern, erbaute Gebäude abgerissen und durch einen spiegelgleichen Entwurf ersetzt worden. Gern erzählt man die Legende, wonach der König nach einer Jagd müde seinen Jagdstock (auch Hubertusstock genannt) in den Boden gestoßen und befohlen hatte: »Hier soll es entstehen, das Jagdhaus am Hubertusstock«.

Während der Weimarer Republik bezogen im Haus unter anderem die Reichspräsidenten Friedrich Ebert und Paul von Hindenburg Quartier, um auf die Jagd zu gehen. Nach dem Tod Hindenburgs durfte der Leiter der Reichskanzlei, Hans Heinrich Lammers, Hubertusstock auf Weisung von Hitler zunächst als Wochenendhaus nutzen. 1944 wurde es ihm geschenkt.

Nach Kriegsende ging die Verfügungsgewalt auf die Brandenburgische Landesregierung über. 1952 folgte das Ministerium des Inneren, das hier vor allem hohen Offizieren der kasernierten Volkspolizei und später der Nationalen Volksarmee (NVA) einen Ferienaufenthalt ermöglichte. Der Standard jedoch war längst nicht mehr zeitgemäß. Nach der umfassenden Renovierung wurde das Jagdschloss als Gästehaus der DDR-Regierung genutzt, stand aber weiterhin unter der Obhut der NVA. Nur bei Staatsbesuchen wurden die Wachposten durch Angehörige des Ministeriums für Staatssicherheit ausgewechselt. Das Postenhaus steht noch immer, genauso wie die vier Gästehäuser mit ihren Glasfronten.

Nur die Schwimmhalle kann leider nicht mehr genutzt werden. Mitte der 1990er-Jahre wurde hier das Wasser abgelassen, da in der Nachbarschaft ein Luxusresort mit Wellnessbereich geplant war. Das Projekt versandete jedoch durch einen trostlosen Namenstreit mit einem gegenüberliegenden Tagungszentrum. Da sein Weiterbau in den Sternen steht, wird Schloss Hubertusstock auch weiterhin versteckt bleiben und nur von wenigen Menschen besucht werden.

TOUR 3 MÄRKISCH-ODERLAND

Brücke Bienenwerder
Nur im Ernstfall sollten hier die Züge rollen

Diese Eisenbahnbrücke zwischen Deutschland und Polen ist auf keiner Landkarte verzeichnet. Selbst in der Literatur gibt es verschiedene Namen für sie. Da heißt das von den meisten Einheimischen im Oderbruch einfach als »Brücke Bienenwerder« bezeichnete Bauwerk plötzlich »Neurüdnitzer Oderbrücke« oder sogar »Zäckericker Viadukt«. Auf jeden Fall wurde die rund 80 Kilometer nordöstlich von Berlin gelegene Konstruktion jahrelang streng geheim gehalten. Bis heute gilt sie als die längste deutsch-polnische Oderquerung.

Während auf der westlichen Seite Stacheldraht und ein geschlossenes Tor den Zutritt auf die Brücke verwehren, waren am östlichen Ende bereits Schrottdiebe am Werk. Theoretisch könnte man hier trockenen Fußes den Fluss überqueren und in der Mitte eine unsichtbare Grenze passieren. Ein 350 Meter langes Stück bis zur Flussmitte gehört zu Deutschland, an den sich ein 370 Meter langer polnischer Abschnitt anschließt.

Die nie genutzte Oderbrücke entstand aus Resten mehrerer anderer Bauwerke.

Märkisch-Oderland

Ein großes Tor und Stacheldraht versperren den Weg von Deutschland nach Polen.

Errichtet wurde die Brücke Mitte der 1950er-Jahre, nachdem ihr Vorgängerbau von 1930, an den noch einige Pfeiler in der Oder erinnern, in den letzten Kriegswochen von der Wehrmacht gesprengt worden war. Durch die Zerstörung wollte man den Vormarsch der Roten Armee aus dem Osten in Richtung Berlin wenigstens für eine kurze Zeit aufhalten. Augenzeugenberichten zufolge erfolgte sie allerdings zu früh. Ein Trupp deutscher Soldaten, der das Ostufer verteidigte, konnte den Strom nach der Zerstörung nicht mehr überqueren und saß in der Falle.

Die bei der damaligen Detonation nicht völlig zerstörten Stahlteile gelangten nach Kriegsende als Reparationsleistung in eine bis heute unbekannte Region der Sowjetunion. Durch das Oderbruch aber sollten nie wieder voll besetzte Personen- und Güterzüge aus Berlin über Wriezen nach Königsberg in der Neumark donnern, das durch die Festlegung der Oder-Neiße-Grenze seit 1945 zu Polen gehört und den Namen Chojna trägt. Der gesamte Eisenbahnverkehr von und nach Osteuropa wurde ab sofort über die Brücken in Küstrin (Kostrzyn) und Frankfurt (Oder) abgewickelt.

Brücke Bienenwerder 49

STECKBRIEF

Die Brücke liegt bei Neu-Rüdnitz und damit nördlich von Wriezen im Oderbruch. Sie ist nicht passierbar, aber wegen ihrer Konstruktion aus Einzelteilen mehrerer unterschiedlicher Brücken ein beliebtes Fotomotiv.

Anreise
Am schönsten lassen sich die Brücke und ihre Umgebung mit dem Fahrrad erkunden. Direkt am Bahnhof Wriezen beginnt ein 13 Kilometer langes Asphaltband auf dem ehemaligen Bahndamm. Direkt vor der Brücke verläuft der Oder-Neiße-Radweg, der zu den fünf beliebtesten Radwegen in Deutschland gehört. Autofahrer gelangen auf dem Abzweig von der B 167 in Altranft (zwischen Bad Freienwalde und Wriezen) über Neureetz und Neu-Rüdnitz zum Viadukt.

Erlebnismöglichkeiten
Das Oderbruch gehört zu den landschaftlich reizvollsten Regionen Brandenburgs. Die ursprüngliche Sumpflandschaft wurde auf Befehl des Preußenkönigs Friedrich II. trockengelegt. Sie bietet sich für Wanderungen und Spaziergänge an.

Einkehr
Direkt an der Oder gibt es ein reichhaltiges Angebot, auch wenn sich Ausflügler dafür in die Nachbarorte Zollbrücke (Dammmeisterei und Gasthof) und Groß Neuendorf (Hafen) begeben müssen.

→ Extra-Tipp
Im winzigen Ort Zollbrücke befindet sich das in seiner Art einmalige »Theater am Rand«, das vom Schauspieler Thomas Rühmann und vom Akkordeonspieler Tobias Morgenstern betrieben wird.

Als die Ingenieure Mitte der 1950er-Jahre mit dem Wiederaufbau begannen, mussten sie auf Reste anderer Brücken zurückgreifen. Aus diesem Grund macht das Bauwerk bis heute einen recht »zusammengestückelten« Eindruck.

Die fertiggestellte Brücke blieb als »strategische Reserve« jedoch nur auf geheimen Karten der Militärs verzeichnet. Im Ernstfall, so lautete wohl die Überlegung, hätten hier mit Kriegstechnik beladene Güterzüge die Oder passieren sollen. Der Personen- und Güterverkehr von Wriezen endete im Bahnhof Neu-Rüdnitz, bis 1981 auch hier die letzten Fahrkarten verkauft wurden. Bis einige Jahre nach der Wende befand sich an diesem Bahnhof sogar noch ein Abzweig des Hauptgleises in Richtung Oder. Dieser führte ab Mitte der 1980er-Jahre zu einem zwei Kilometer entfernten Durchbruch im Oderdeich. Auf polnischer Seite der Oder wurde damals ebenfalls ein Schienenanschluss verlegt. Eine Pontonbrücke sollte beide miteinander verbinden, falls die Stahlbrücke nebenan gesperrt oder gesprengt worden wäre.

Heute hat der einst so geheim gehaltene Ort längst seinen Schrecken verloren. Tausende Radler fahren auf dem beliebten Oder-Neiße-Radweg an dem abgesperrten Monstrum vorbei, ohne die Hintergründe der Brücke zu kennen. Vor einigen Jahren gab es Pläne, an dieser Stelle eine Draisinenstrecke mit Anschluss an das benachbarte polnische Naturschutzgebiet einzurichten. Erst dann wird dieser Ort viele Touristen anziehen.

Kirche Neuhardenberg
Das Herz des Staatskanzlers im Altartisch

Der Anblick eines menschlichen Herzens gehört nicht gerade zu den Alltäglichkeiten des Lebens. Geschieht dies sogar in einer Kirche, wird die ganze Angelegenheit noch einmal erstaunlicher. Die Kirche Neuhardenberg am Rande des Oderbruchs hütet so ein ungewöhnliches Geheimnis. Hinter einer Klappe im Altartisch steht ein Laborgefäß, das tatsächlich ein Herz enthält. Bei den regulären Führungen durch die Schinkel-Kirche gehört ein Blick in die Öffnung am Altar zwar nicht unbedingt zum Standardprogramm. Auf eine Nachfrage hin wird er aber auch nicht verwehrt.

Schließlich liegt hier das wichtigste Lebensorgan nicht irgendeiner beliebigen Person, sondern das des wohl wichtigsten Herren auf diesem schönen Landsitz: des preußischen Staatskanzlers Karl August von Hardenberg (1750–1822).

Der Staatsmann hatte sich zusammen mit dem Freiherrn vom Stein vor allem Verdienste um die preußischen Reformen

Zwischen 1815 und 1817 ließ Karl Friedrich Schinkel die Kirche Neuhardenberg umgestalten.

Der Altartisch beherbergt das Herz des Staatskanzlers Carl August von Hardenberg.

erworben. Er kämpfte für eine gerechte Besteuerung aller Preußen, setzte sich für die Bauernbefreiung und die Gleichberechtigung der Juden ein und hob die strenge Zunftordnung sowie die Beschränkungen der Gewerbefreiheit auf. Nicht zuletzt als Dank für seine Verdienste erhielt er 1814 vom Preußenkönig Friedrich Wilhelm III. die Herrschaft Quilitz, das ein Jahr später in Neu-Hardenberg umbenannt wurde.

Hardenberg kümmerte sich intensiv um den kleinen Ort und ließ nach Plänen des Baumeisters Schinkel unter anderem das Schloss umbauen. Auch der Park erhielt unter seiner Anordnung ein neues Aussehen, für das die drei Gartenarchitekten Fürst Pückler-Muskau, J. P. Lenné und A. Repton Vorschläge erstellt hatten.

Obwohl Hardenberg bereits am 26. November 1822 in Genua verstorben war, erfolgte seine Beisetzung erst am 25. November 1824 in dem von Schinkel geschaffenen, schlichten Mausoleum an der Kirche. Nachdem Hardenbergs Herz zunächst in einer Bleikristallschale aufbewahrt worden war, setzte man es später in ein Laborgefäß um.

Als der Ort in den letzten Kriegstagen 1945 durch die Rote

Kirche Neuharderberg

STECKBRIEF

Das Dorf nordöstlich Berlins ist ein sehr empfehlenswertes Ausflugsziel. Die Schinkelkirche, das Schloss und der Park geben dem Ort zusammen mit der breiten Dorfaue sein unverwechselbares Gesicht. Die Kirche ist täglich geöffnet. Regelmäßig finden Führungen statt.

Informationen
www.schlossneuhardenberg.de
www.neuhardenberg-information.de

Anreise
Auf der B 1 von Berlin nach Osten bis nach Jahnsfelde und von dort auf der Landstraße über Trebnitz und Wulkow bis nach Neuhardenberg.

Erlebnismöglichkeiten
Eine Ausstellung im Kavaliershaus Ost hält die bewegte Geschichte des Ortes von der Gründung im 14. Jahrhundert bis zur Rettung des Dorfes durch den Deutschen Sparkassen- und Giroverband 1998 fest. Der Park gehört zu den schönsten kleinen Anlagen Deutschlands.

Einkehr
Die »Brennerei« direkt zwischen Kirche und Schloss lädt zum Besuch ein. Im Sommer empfiehlt sich die »Orangerie« des Schlosses für eine Einkehr im Freien.

→ Extra-Tipp
Das Museum auf dem Flugplatz Neuhardenberg widmet sich vor allem dem Ehrenbürger Sigmund Jähn, der als erster deutscher Kosmonaut 1978 in das Weltall geflogen war.

Armee besetzt wurde, sollen die Soldaten nicht gerade respektvoll mit dem ungewöhnlichen Fund umgegangen sein. Gerüchte, wonach der »Klumpen« sogar als Fußball gedient habe, wurden allerdings nicht bestätigt.

Schloss und Park hatten bereits als geheimer Treffpunkt für die Verschwörer des Attentats auf Hitler am 20. Juli 1944 gedient. Die Gestapo verhaftete nach dem gescheiterten Anschlag auch Carl-Hans Graf von Hardenberg auf seinem Schloss und inhaftierte ihn im KZ Sachsenhausen.

1949 drückten die neuen Machthaber ihren Anspruch auf den Ort durch die Umbenennung in »Marxwalde« aus. Mit den Hardenbergs, so lautete die offizielle Richtlinie des damaligen Bürgermeisters, wolle man nichts mehr zu tun haben. »Wir haben in unserem Land die Junker und Großgrundbesitzer von dannen gejagt und wollen weder sie noch ihre Asche wiederhaben«, schrieb der Mann 1958 auf die Bitte der inzwischen in den Westen abgewanderten Familie, die Urne mit den sterblichen Überresten von Carl-Hans Graf von Hardenberg auf dem Familienfriedhof an der Kirche beisetzen zu dürfen. Das war erst nach der Wende möglich. 1991 wurde der Ort schließlich wieder in Neuhardenberg umbenannt. Es ist schon eine kleine Sensation, dass das Herz des Staatskanzlers alle Ereignisse im Ort in seinem Versteck unbeschadet überstanden hat.

TOUR 4 ODER-SPREE

Forsthaus an der Spree
Hier wurden RAF-Terroristen zu DDR-Bürgern

Das Versteck im Wald funktioniert bis heute. Denn auf die Frage nach dem »Forsthaus an der Spree« bekommt man als Antwort nur ein Achselzucken oder vage Beschreibungen, die sich mitunter sogar widersprechen. Selbst die Besatzung eines Polizeiwagens schüttelt den Kopf. Zu deren Ehrenrettung genügen schon die Hinweise auf das Alter der jungen Männer und die Herkunft jenseits der Brandenburger Landesgrenzen. Sie konnten die genaue Lage von »Objekt 74« gar nicht kennen, auch wenn es nur wenige Kilometer Luftlinie vom Standort ihres Pkw entfernt lag. Das stellt sich kurze Zeit später nach einer Unterhaltung mit einem einsamen Angler am Kersdorfer See, südöstlich von Fürstenwalde, heraus. Dieser weiß sofort Bescheid, als die Stichworte »Stasi« und »RAF-Terroristen« fallen. Er selbst sei aber erst vor einigen Jahren dort gewesen, weil zu DDR-Zeiten alles abgeriegelt gewesen wäre. »Niemand hat doch genau gewusst, was die dort wirklich gemacht haben«, sagt er.

**In diesen Baracken lebten die einstigen
RAF-Terroristen oft mehrere Wochen und Monate.**

Oder-Spree

Dank gepolsterter Türen sollte selbst aus der Kellerbar kein Wort nach draußen dringen.

Dank der Hinweise des Anglers ist der Weg zu dem geheimnisumwitterten Forsthaus dann doch noch zu finden. Aufmerksamen Fernsehzuschauern könnte das Ensemble aus Backsteinhaus und ringförmig angeordneten Flachbauten vielleicht vertraut vorkommen. Schließlich werden immer mal wieder Dokumentationen über die Geschichte der RAF (Rote Armee Fraktion) und deren Verbindungen zur DDR gesendet.

Forsthaus an der Spree 57

Das Personal des Restaurants rettete sogar ein besonderes Utensil vor der Zerstörung oder dem Verkauf auf Trödelmärkten: ein originales Telefon mit Kurbel aus der Geheimdienstzeit. Dazu gehören Schilder mit der Aufschrift »Handapparat auflegen! Sonst Abhörgefahr« und ein Buchstabieralphabet.

Da die Häusergruppe oberhalb der Spree zu den wenigen authentischen Orten im Osten gehört, kommen die Fernsehteams immer wieder gern hierher.

Trotz der langen Zeit gibt es noch Relikte aus der Stasi-/RAF-Zeit zu entdecken. Am Giebel hängen große Scheinwerfer beziehungsweise deren Reste, und im Keller des Hauptehauses scheint sich so gut wie nichts verändert zu haben. Da öffnet sich eine schalldichte Tür, schmücken Holzbretter die Wände, und selbst die Tische und Stühle stammen noch aus der alten Zeit.

Doch warum haben sich die RAF-Terroristen hier überhaupt aufgehalten? Sie erhielten nach dem Untertauchen in der DDR im »Objekt 74« auf halbem Weg zwischen Berlin und der Oder eine neue Identität. Von 1979 bis 1982 handelte es sich dabei um zehn Personen, die auf den Fahndungslisten der bundesdeutschen Polizei ganz oben standen. Im Forsthaus mussten die Frauen und Männer zunächst eine gründliche Umschulung durchlaufen, um später als Chemielaborant oder

Behördenangestellter nicht aufzufallen. Sie erhielten falsche Namen und Geburtsdaten sowie ausgeklügelt konstruierte Lebensläufe mitsamt eigener Familiengeschichten. Für so eine intensive Schulung bot der abgelegene Ort beste Voraussetzungen, hatten sich die Geheimdienstler hier doch schon seit 1969 niedergelassen und alles nach ihren Bedürfnissen herrichten lassen. Zäune, Garagen, Schuppen, Hundezwinger und selbst Bunker ließen von dem einstigen Ausflugsziel und Wohnort »Forsthaus an der Flut«, dessen Geschichte bis ins Jahr 1767 zurückreicht, kaum etwas übrig.

Eine Legende reichte nicht

Die einzige Zufahrt führte viele Kilometer durch den Wald, sodass sie sich leicht überwachen ließ. Auf der anderen Seite begrenzte die Spree das Grundstück. Trotz seiner abgelegenen Lage konnte der Ort vergleichsweise leicht erreicht werden – über die Autobahn A 12 Berlin–Frankfurt (Oder) und der Ausfahrt Briesen. Dieser kleine Ort besitzt auf der Strecke von Berlin über Fürstenwalde bis an die deutsch-polnische Grenze sogar einen Bahnhof. Verkehrswege, die mit Sicherheit auch von den RAF-Terroristen öfter genutzt werden, musste die »Umschulung zum DDR-Bürger« doch mehrfach aufgefrischt werden. Drei Frauen unter ihnen wurde von der Stasi sogar eine dritte Identität verpasst. DDR-Bürger hatten bei ihren Besuchen im Westen die Bilder auf Fahndungsplakaten entdeckt und nach ihrer Rückkehr im Kollegen- und Bekanntenkreis neugierige Fragen gestellt. Fragen, die der Stasi natürlich nicht verborgen blieben. Recherchen nach der Wende zufolge sollen einige Terroristen auf dem Gelände auch im Umgang mit der Panzerfaust trainiert worden sein. Neben den RAF-Mitgliedern war Odfried Hepp einer der bekanntesten westdeutschen Terroristen, der 1983 im Forsthaus untertauchte und zum Doppelagenten für Stasi und BND ausgebildet wurde.

Nach der Wende war es durch die nun zugänglichen Akten um die Tarnung der Terroristen geschehen. Im Juni 1990 wurde Susanne Albrecht, alias Ingrid Becker, in einem Hochhaus in Berlin-Marzahn festgenommen. Kurz nacheinander wurden auch Silke Maier-Witt, Inge Viett sowie Henning Beer und

Forsthaus an der Spree

STECKBRIEF

Das Forsthaus an der Spree ist frei zugänglich. Gruppen können hier Übernachtungen buchen. Der volle Gastronomiebetrieb soll im Laufe des Jahres 2013 aufgenommen werden.
Die Adresse lautet: Forsthaus an der Spree, Am Bunten Schütz 3, 15518 Briesen, Telefon 03 36 07/59 9 15, www.forsthausspree.de

Anreise
Das Forsthaus liegt rund sechs Kilometer von Briesen (Autobahnabfahrt und Bahnstation) entfernt. Es gibt keine direkte Nachbarschaft. Von Briesen führt ein Waldweg zum einstigen RAF-Objekt. Der Spreeradweg von Fürstenwalde nach Beeskow verläuft ganz in der Nähe der Anlage vorbei. Direkt am Oder-Spree-Kanal (Fürstenwalder Spree) befindet sich unweit der Kersdorfer Schleuse ein Wasserwanderrastplatz.

Erlebnismöglichkeiten
Der Ausflug zum Forsthaus kann mit Besuchen in Fürstenwalde (Dom) oder in Bad Saarow am Scharmützelsee (Therme, Kurpark) verbunden werden.

Einkehr
Vor allem in Bad Saarow mangelt es nicht an Restaurants unterschiedlicher Qualität.

→ Extra-Tipp
Ganz in der Nähe liegt der kleine Ort Sauen mit einem besonderen Angebot. In der Dorfmitte gegenüber des Gutshauses können im »Papphaus« Audioguides für einen Bummel durch den einst von Professor August Bier angelegten Musterwald ausgeliehen werden. Infos dazu unter www.august-bier-stiftung.de

Werner Lotze sowie andere in Magdeburg, Frankfurt (Oder), Senftenberg, Schwedt und in Neubrandenburg Untergetauchte festgenommen. Inzwischen sind sie nach der Verbüßung von Haftstrafen begnadigt worden.

Nach der Wiedervereinigung firmierte das Ensemble aus früherem Forsthaus und Neubauten als Ferien- und Ausflugsdomizil »Forsthaus an der Spree.« Es wurden Übernachtungen sowie Speisen und Getränke angeboten.

Nach der Versteigerung im Jahre 2012 gehört das Anwesen jetzt der Arborafabula GmbH, die bislang den Kletterpark in Bad Saarow betrieb. Der Schwerpunkt soll künftig auf dem Natur- und Gesundheitstourismus liegen, wofür komfortable Baumhäuser und Safari-Lodges mit Spreeblick entstehen sollen. Das Forsthaus mit seiner geheimnisumwitterten Geschichte wird restauriert und ab 2013 ein ansprechendes Ausflugslokal mit integriertem Hofladen für regionale Produkte beherbergen.

Filmstädte Woltersdorf und Rüdersdorf

Reste vom Tempel im Garten und
Stalingrad-Kulisse im Park

Fast 100 Jahre alte Kulissenbauten zählen in der schnelllebigen Filmwelt zweifellos zu den Raritäten. Umso mehr überrascht es, dass diese meist nur provisorisch zusammengezimmerten Konstruktionen ausgerechnet im kleinen Rüdersdorf am östlichen Berliner Stadtrand die Zeit unbeschadet überstanden haben. Zu bewundern sind heute im Garten eines Einfamilienhauses ein Tempelpavillon und mehrere exotisch anmutende Säulen, die einst zum 1921 gedrehten Streifen *Das indische Grabmahl* gehörten. Regisseur Joe May hatte am Westufer des Kalksees für das Drehbuch von Fritz Lang und Thea von Harbou neben einem prächtigen Maharadscha-Palast auch eine Chinesenstadt und ein Dschungeldorf erbauen lassen. Hunderte Chinesen und Afrikaner aus ganz Deutschland und

**Die Schachtofenbatterie im Kalkwerk Rüdersdorf
diente schon mehrfach als Filmkulisse.**

Der Tempelpavillon aus dem Streifen *Das indische Grabmahl* überdauerte in einem Rüdersdorfer Garten.

»eingefärbte« Einheimische gaukelten zusammen mit Elefanten aus dem Zirkus und Krokodilen aus dem Zoo eine authentische Atmosphäre vor.

Zu dieser Zeit erlebte die »Filmstadt Woltersdorf« ihre Glanzzeit. Da sich die seen- und waldreiche Gegend zusammen mit den Kalksteinbrüchen hervorragend für die unterschiedlichsten Kulissen eigneten, waren hier und im angrenzenden Rüdersdorf seit 1912 zahlreiche Stummfilme gedreht worden. Vor allem Harry Piel produzierte in Woltersdorf viele seiner reißerischen Abenteuerfilme. Details über diese bis Anfang der 1930er-Jahre währenden Zeit zeigt die sehenswerte Ausstellung im Aussichtsturm auf dem Kranichberg in Woltersdorf.

Der Tempelpavillon und die Säulen im Garten der Straße Seebad 2 gelangten 1932 auf die Ostseite des Kalksees. Hier baute sich der damals bekannte Porträtmaler Arthur Fischer einen eigenen Palast, der 1963 abgerissen wurde. Einige Stücke dieses Palasts zieren heute die Vorgärten der Anwohner.

Die Ausstellung im Woltersdorfer Aussichtsturm informiert die Besucher auch über zahlreiche nach dem Krieg in der Umgebung gedrehte Filme. So entstand im Kulturhaus Rüdersdorf

Filmstädte Woltersdorf und Rüdersdorf

Kulissenbauer errichteten 1921 diese Säulen eines angeblichen indischen Tempels.

1980 *Solo Sunny* von Konrad Wolf. Auch der »Polizeiruf 110« und der »Tatort« gastierten hier 1984 und 1996.

»Stalingrad« gleich um die Ecke

Vom Aussichtsturm gelangt man schnell zu den bei Kriegs- und Gruselfilmern beliebten Kulissen im heutigen Museumspark Rüdersdorf. Die bekannteste Produktion brach im Jahre 2000 in Europa alle Rekorde. Für *Duell – Enemy at the Gate* hatte Regisseur Jean-Jacques Annaud ein rund 74 Millionen US-Dollar starkes Budget zur Verfügung. Nicht alle Kulissen des Stalingrad-Dramas sind frei zugänglich. Das alte Phosphatwerk, das im Film das umkämpfte Traktorenwerk »Roter Oktober« darstellte, darf aus Sicherheitsgründen nicht betreten werden. Allerdings hat man von der Schachtofenbatterie aus einen guten Blick über das Gelände. Vor den Schachtöfen hatten die Kulissenbauer damals den Bahnhof nachgestellt. Der im Film immer wieder auftauchende Wasserturm war aus Pappmaché und wurde nach den Dreharbeiten entsorgt.

64 Oder-Spree

STECKBRIEF

Von der alten Filmindustrie in Woltersdorf und Rüdersdorf ist bis auf den Tempelpavillon und die Säulen im Garten des Grundstücks in der Straße Seebad 2 am östlichen Ufer des Kalksees (neben dem Krankenhaus Rüdersdorf) nicht mehr viel erhalten. Dafür beherbergt der Aussichtsturm Woltersdorf (Kranichsberg) eine sehenswerte Ausstellung über das »märkische Hollywood«. Der Aussichtsturm ist von April bis Oktober täglich und von November bis März am Wochenende geöffnet.

Informationen
Tel.: 0 33 62 / 2 47 93 oder 0 33 62 / 59 00 10
www.verschoenerungsverein-woltersdorf.de
Im Museumspark Rüdersdorf sind die Filmkulissen (Schachtofenbatterie) jederzeit zugänglich. Telefon: 03 36 38 / 79 97 97
www.museumspark.de

Anreise
Auf der A 10 (östlicher Berliner Ring) bis zur Ausfahrt Rüdersdorf und dann nach Rüdersdorf und Woltersdorf. Der Museumspark Rüdersdorf ist mit der Straßenbahn 88 vom S-Bahnhof Friedrichshagen erreichbar. Vom S-Bahnhof Rahnsdorf verkehrt die Straßenbahn 87 bis Woltersdorf (Schleuse).

Erlebnismöglichkeiten
Die Region lädt mit zahlreichen Seen und Wäldern zu ausgedehnten Wanderungen und Radtouren ein.

Einkehr
Rund um die Schleuse in Woltersdorf gibt es mehrere Restaurants, z. B. direkt an der Liebesquelle.

→ Extra-Tipp
Zum Aussichtsturm in Woltersdorf auf dem Kranichsberg gelangen Besucher am schönsten auf einem rund 15 Minuten dauernden Spaziergang von der Liebesquelle in Woltersdorf (unweit der Schleuse).

TOUR 5 POTSDAM-MITTELMARK

Beelitzer Heilstätten
Ein Gelände voller Filmkulissen, Spukgeschichten und gescheiterten Plänen

Fast trotzig stemmt sich der sowjetische Sanitätsoffizier dem Verfall seiner Umgebung entgegen. Während um ihn herum Bäume aus Dächern und Fenstern wuchtiger Gebäude wachsen, der Wind durch aufgebrochene Türen pfeift oder Löcher im Erdboden den Blick in die gemauerte Unterwelt freigeben, weist die vier Meter hohe Betonskulptur nur wenige Blessuren auf. Das untere Ende seiner zusammengerollten Trage bröckelt zwar langsam vor sich hin, und auch im Stahlhelm zeigen sich einige Löcher. Aber die von dem Militärarzt Wladimir Amokow Anfang der 1980er-Jahre geschaffene Figur zum »Ruhm der Helden der Sowjetunion« dürfte im Unterschied zu den umliegenden Gebäuden noch vielen Stürmen der Zeit widerstehen. Das geheimnisvolle Gelände der Beelitzer Heilstätten steht seit dem Abzug der russischen Streitkräfte 1994 weitgehend leer.

Die einst so großspurig verkündeten Pläne für einen

Die meisten Sanatorien der Beelitzer Heilstätten stehen seit 1994 leer.

Potsdam, Potsdam-Mittelmark

Das Heizkraftwerk steht unter Denkmalschutz und kann manchmal besichtigt werden.

Gesundheits- und Wohnpark für mehr als 1.000 Beschäftigte und 3.000 Mieter sind bis auf eine Rehabilitationsklinik im Gebäude der ehemaligen Lungenheilstätte für Männer und eine Kinderklinik nicht realisiert worden. Übrig geblieben ist ein Gebäudekomplex, der sowohl durch seine ursprüngliche Architektur als auch durch den besonderen Charme einer immer größer werdenden Ruinenlandschaft besticht. Frei zugänglich

Der sowjetische Sanitätssoldat wacht vor dem Männersanatorium.

ist auf dem rund 200 Hektar großen Gelände zwar nur das Viertel mit der neuen Reha-Klinik, der Rest kann jedoch bei organisierten Führungen erkundet werden. Wollte man sich hier auf eigene Faust bewegen, müsste man mehrere Schilder »Betreten verboten« ignorieren. Eine ständige Kontrolle findet nicht statt, aber vor allem nachts sollten jegliche Erkundungen in erster Linie wegen der Unberechenbarkeit der Gebäude unterbleiben.

Acht Jahre in der Kanalisation

Abgesehen davon könnte es leicht zu schreckhaften Begegnungen mit Spuk-Touristen, Akteuren von Gruselspielen oder sonstigen dunklen Gestalten kommen, die sich immer wieder in einem der 60 Gebäude tummeln. Wie unheimlich es hier zugehen kann, zeigte nicht zuletzt die Entdeckung der Leiche eines Mannes im Jahre 2011. Der einstige Lkw-Fahrer der Sowjetarmee hatte acht Jahre lang in einem Erdloch mit Anschluss an das unterirdische Kanalnetz gelebt. Das mehr als zehn

Kilometer lange Streckennetz versorgte die einzelnen Häuser einst mit sauberer Heizungsluft.

Der Verzicht auf die bis dahin üblichen Kohleöfen gehörte zum Prinzip der zwischen 1898 und 1930 von der Landesversicherungsanstalt Berlin im Beelitzer Stadtwald errichteten Lungenheilanstalt. Mit frischer Luft wollte man der Tuberkulose Herr werden, an der um die Jahrhundertwende rund eine Million Menschen erkrankt waren. Ursachen waren die teilweise katastrophalen hygienischen Bedingungen besonders in den Berliner Mietskasernen, eine fehlende gesundheitliche Vorsorge, Mangelernährung und schwere körperliche Arbeit. Jeder dritte Todesfall und jede zweite Arbeitsunfähigkeit ließ sich auf die Volksseuche zurückführen.

Bis heute ist die Einteilung des Geländes in die beiden Lungenheilanstalten nördlich der Eisenbahn und in die südlichen Bereiche mit Sanatorien zur Behandlung nicht ansteckender Krankheiten zu erkennen. Da auf eine strikte Geschlechtertrennung geachtet wurde, waren viele Gebäude zwei- oder vierfach vorhanden. Gleich in der Nähe des Bahnhofs fällt der 44 Meter hohe Wasserturm ins Auge, der Teil des hochmodernen Heizkraftwerks war. Das Heizkraftwerk ist teilweise saniert worden und kann bei Führungen besichtigt werden. Doch nicht nur die Bauten selbst verleihen den Heilstätten eine fast mystische Ausstrahlung. Das ist sicherlich auch der Grund dafür, warum sie immer wieder als Kulisse von Spielfilmen dienen. Detlev Buck drehte 1995 und damit ein Jahr nach dem Abzug der russischen Soldaten hier seine Erfolgskomödie *Männerpension* mit Til Schweiger und Heike Makatsch. Auch Regisseur Thorsten Näter fand hier 1999 für seinen Film *Racheengel – Die Stimme aus dem Dunkeln* die passende Umgebung. Götz George spielte in dem Film den Leiter einer psychiatrischen Anstalt, in der eine Serie mysteriöser Ritualmorde geschehen. 2001 waren die Heilstätten ein wichtiger Drehort von Roman Polanskis mehrfach ausgezeichnetem Film *Der Pianist*. Auch Tom Cruise war schon da, als die Lazarettszenen im Streifen *Operation Walküre* über das Attentat auf Hitler gedreht wurden (dieser war 1916 selbst Patient in Beelitz).

STECKBRIEF

Heute sind nur das Gelände der nördlich vom Bahnhof gelegenen Neurologischen Rehabilitationsklinik und die Kinderklinik frei zugänglich. Von dort ist es nur ein kurzer Spaziergang bis zum unsanierten und fast schon zur Ruine verkommenen zweiten Lungenheilgebäude für Männer. Der Zutritt zu allen anderen Bereichen wie dem Heizkraftwerk und der Statue des Sanitätssoldaten vor dem Männersanatorium sowie zu der benachbarten Zentralbadeanstalt ist offiziell verboten. Oft stehen Türen und Zäune aber offen.
Führungen bieten sowohl der Förderverein des Heizkraftwerkes (www.heilstaetten.beelitz.online.de) als auch Irene Krause (www.potsdamurlaub.de) an.

Anreise
An der Autobahn A 9 Berlin–Leipzig gibt es eine eigene Abfahrt »Beelitz Heilstätten«. Direkt am Gelände befindet sich der Bahnhof Beelitz Heilstätten, dort hält der Regionalexpress RE 7. Auch der Europaradweg R 1 führt direkt vorbei.

Einkehr
In der Nachbarschaft der Reha-Klinik liegt das Landhotel »Gustav«. An der Straße nach Fichtenwalde lädt das Restaurant »Pförtnerhaus« zum Besuch ein.

Erlebnismöglichkeiten
Jüngste Pläne sehen den Bau eines Baumwipfelpfades vor, der ganz neue Einblicke in die Natur bieten soll.

→ Extra-Tipp
Beelitz gilt als die ostdeutsche Spargelhauptstadt. Von Mitte April bis Ende Juni wird das Edelgemüse auf Dutzenden Höfen erntefrisch angeboten. Auch danach stehen Spargelgerichte hier hoch im Kurs.

Honecker suchte hier ein Jahr Zuflucht

Aus ganz anderem Grund suchte Erich Honecker einst die Heilstätten auf. Zusammen mit seiner Frau Margot flüchtete er im Frühjahr 1990 in die Obhut der sowjetischen Militärs, die hier von 1945 bis 1994 das größte Hospital außerhalb des eigenen Landes betrieb. Das Paar wurde in einer ehemaligen Chefarztvilla untergebracht, die sich heute in Privateigentum befindet. Von hier aus unternahmen sie – stets bewacht von Offizieren – regelmäßig ausgedehnte Spaziergänge durch das Gelände. Am 13. März 1991 verließen die Honeckers Beelitz, um für einige Zeit in der chilenischen Botschaft in Moskau unterzukommen. Wenige Tage später machten die Heilstätten wieder von sich reden. Der in der Brandenburger Geschichte bislang schlimmste Serienmörder Wolfgang Schmidt tötete auf dem Gelände eine sowjetische Offiziersgattin und erschlug ihren Säugling. Der »Rosa Riese« oder die »Bestie von Beelitz«, wie er in den Boulevardpresse genannt wurde, hatte noch weitere vier Frauen auf dem Gewissen. Er konnte schließlich von zwei Joggern überwältigt und der Polizei übergeben werden. Seine Strafe sitzt er heute in einer anderen Klinik ab – im Maßregelvollzug der Nervenklinik in Brandenburg (Havel).

Südwestkirchhof Stahnsdorf

Gräber, Monumente und Mausoleen
an der »falschen« Bahnhofstraße

Nicht jede Bahnhofstraße führt tatsächlich zum Bahnhof. So betritt der Besucher den Südwestkirchhof Stahnsdorf – nach der Anlage in Hamburg-Ohlsdorf immerhin Deutschlands zweitgrößter Friedhof – zwar über den Haupteingang Bahnhofstraße. Doch ist weit und breit keine Bahnstation in Sicht, genauer gesagt, keine mehr. Lediglich die ehemalige Bahnhofsgaststätte erinnert noch an die einst viel befahrene Strecke mit dem ungewöhnlichen Namen »Friedhofsbahn«. Die rund vier Kilometer lange Verbindung zwischen den S-Bahnhöfen Wannsee, Dreilinden und Stahnsdorf existiert seit dem Mauerbau am 13. August 1961 nicht mehr und gehört inzwischen zu den vergessenen Bauten im Berliner Umland. Alle Bemühungen seit der Wiedervereinigung 1990, die eingleisige Strecke wieder in Betrieb zu nehmen, scheiterten am zu großen Aufwand. Nur einige gespenstisch anmutende und zugewachsene

**Die Friedhofskapelle entstand
im Stil norwegischer Stabholzkirchen.**

Reinhold Felderhoff schuf diesen Grabtempel für den Bankier Wilhelm Kühn.

Gleise im Wald erinnern noch an die 1913 eröffnete »Stahnsdorfer Friedhofsbahn«, die im Volksmund auch »Leichenbahn« oder »Witwenbahn« genannt wurde.

Gäbe es eine solche Haltestelle, dann würde auch der Südwestkirchhof wieder stärker in die Aufmerksamkeit rücken und mehr Menschen würden die derzeit als »Geheimtipp« gehandelte Anlage mit rund 120.000 Gräbern aufsuchen. Wer jedoch einmal auf den weitläufigen Wegen spazieren gegangen ist, der wird mit Sicherheit gerne wiederkommen.

Ohnehin lohnt es sich, diesen Ort mehrfach aufzusuchen, denn die 1909 von der Evangelischen Kirche eingerichtete Anlage umfasst eine Fläche von 206 Hektar. Ursprünglich war sie lediglich für die im Südwesten Berlins verstorbenen Menschen bestimmt, entwickelte sich aber schnell zum Begräbnisplatz berühmter Persönlichkeiten aus allen Bereichen. Wissenschaftler, Unternehmer, Politiker und Kulturschaffende fanden hier ihre letzte Ruhestätte. So liest der Besucher die Namen Werner von Siemens, Dr. Georg Graf von Arco, Dr. Edmund Rumpler oder Heinrich Zille, Engelbert Humperdinck und Lovis Corinth. Zu lesen sind diese Namen entweder auf reich verzierten

Südwestkirchhof Stahnsdorf 73

Viele Grabstätten gleichen kleinen Kunstwerken.

Grabsteinen, überdimensionalen Grabwänden oder auch an Mausoleen ganz unterschiedlicher Stilrichtungen.

Ein Stück Norwegen in Brandenburg

Außergewöhnlich fällt in dieser Nachbarschaft die hölzerne Friedhofskapelle ins Auge. Sie entstand zwischen 1908 und 1911 nach dem Vorbild norwegischer Stabkirchen. Der Architekt Gustav Werner orientierte sich vor allem an der Kirche Wang im Riesengebirge.

Erstaunlicherweise sind die hölzerne Inneneinrichtung, die sparsame Bemalung, die farbigen Jugendstil-Glasfenster und die wertvolle Sauer-Orgel im Originalzustand erhalten geblieben. Das Grab des 1917 verstorbenen Gustav Werner liegt gegenüber der Kirche. Heute wird die Kapelle für Trauerfeiern und Gottesdienste, Konzerte und Lesungen genutzt.

Nach dem Ersten Weltkrieg kauften Großbritannien und Italien jeweils rund einen Hektar große Flächen der Anlage auf, um dort Ehrenfriedhöfe für ihre in deutscher

STECKBRIEF

Der Friedhof ist jederzeit frei zugänglich. Für einen Rundgang sollten mindestens drei Stunden eingeplant werden.

Informationen
www.suedwestkirchhof.de

Anreise
Mit dem Auto von Berlin oder Potsdam auf der A 115 bis zur Ausfahrt Potsdam-Babelsberg/Teltow und dann weiter in Richtung Teltow bis zur 1. Ampelkreuzung in Stahnsdorf. Dort zweigt die Bahnhofstraße links ab. Nach 500 Metern ist der Haupteingang erreicht.
Von Potsdam und vom S-Bahnhof Zehlendorf verkehren regelmäßig Busse.

Einkehr
Gegenüber vom Haupteingang befindet sich in der ehemaligen Bahnhofsgaststätte ein Restaurant.

Erlebnismöglichkeiten
Der Ausflug zum Südwestkirchhof Stahnsdorf kann gut mit einem Abstecher an den Wannsee oder nach Potsdam kombiniert werden.

→ Extra-Tipp
Auf dem Gelände des heutigen Europarcs an der Autobahnausfahrt Kleinmachnow befand sich bis 1990 die Grenzübergangsstelle Drewitz (Checkpoint Bravo). Daran erinnert heute nur noch der Kommandantenturm, der aber eine recht sehenswerte Ausstellung beherbergt.

Südwestkirchhof Stahnsdorf

Statuen trauernder Frauen dominieren das Bild auf dem Südwestfriedhof.

Kriegsgefangenschaft verstorbenen Armeeangehörigen anzulegen. 1.172 britische und 1.650 italienische Soldaten fanden hier ihre letzte Ruhe.

Selbst die heute fast vergessenen Umgestaltungspläne des NS-Generalbauinspektors Albert Speer, mit denen Berlin zur »Welthauptstadt Germania« werden sollte, schlossen den Südwestkirchhof mit ein. Vier im Bezirk Schöneberg gelegene Friedhöfe standen der geplanten Nord-Süd-Achse und dem großen Süd-Bahnhof im Wege. Von Mitte der 1930er-Jahre bis 1940 wurden von diesen Friedhöfen rund 15.000 Grabstätten nach Stahnsdorf umgebettet. Darunter befanden sich auch die Gräber des Vaters des Bauhaus-Gründers Walter Gropius und des Verlegers Gustav Langenscheidt.

Während es im Zweiten Weltkrieg auf dem Friedhof selbst kaum zu Zerstörungen kam, sprengten Wehrmachtssoldaten in den letzten Tagen vor der Kapitulation im Mai 1945 die Brücke der Friedhofsbahn über den Teltowkanal. Die Brücke wurde erst drei Jahre später wiederaufgebaut. Jedoch wurde es für West-Berliner nach Gründung der DDR 1949 immer schwieriger, zum Friedhof zu gelangen, wobei der Mauerbau diesen Besuchen einen endgültigen Riegel vorschob.

Das ehemalige Bahnhofsgebäude wurde 1976, nachdem es über Jahre dem Verfall ausgesetzt war, gesprengt.

Auf dem Kirchhof kann man eine erstaunlich große Zahl seltener Tieren und Pflanzen beobachten. Man hört den Schwarzspecht und den Waldkauz und bekommt Fledermäuse zu Gesicht. Zum Ärger der Verwaltung fühlen sich aber auch Wildschweine, Rehe und Füchse hier sehr wohl. Vor allem die Wildschweinrotten richten immer wieder Schäden an, sodass regelmäßig Treibjagden organisiert werden müssen.

Klausberg im Park Sanssouci
Die stolze Weinbautradition der Könige und Kaiser

Offensichtlich mussten selbst die allgegenwärtigen Schrottsammler vor den stählernen Ungetümen kapitulieren. Vielleicht wussten sie aber bisher auch gar nichts von dem Schatz unterhalb des Klausbergs im westlichen Teil des Parks Sanssouci. Dort stehen in einem Versteck riesige Kessel, die man nicht unbedingt in dieser so viel Harmonie ausstrahlenden Gartenanlage erwarten würde. Dabei handelt es sich um mehr als 100 Jahre alte Heizkessel, die einst Unmengen von Koks und Steinkohle schluckten und spätestens seit den Wirren des Zweiten Weltkriegs fast völlig in Vergessenheit gerieten. An ihnen zeigt sich, dass die preußischen Könige und Kaiser einst das Ziel verfolgten, sich über das ganze Jahr mit Gemüse, Früchten und nicht zuletzt mit Trauben und Wein aus dem Park zu versorgen.

Das gelang nicht ohne allerlei Tricks und nur mit Gewächshäusern, die mit einer immensen Wärme versorgt werden mussten. Dazu dienten die Heizhäuser zwischen dem Belvedere auf dem Klausberg und dem in Form einer chinesischen Pagode errichteten Drachenhaus, welches heute als Restaurant dient. Selbst die profanen Zweckbauten zur Aufnahme schwerer Kessel gleichen kleinen Kunstwerken. So besitzt das seit Sommer 2012 für eine kleine Ausstellung genutzte Heizhaus ein beeindruckendes Deckengemälde, während sein etwas abseits stehendes und optisch in einen Märchenwald passendes Pendant durch kunstvoll gestaltete Schornsteine auf sich aufmerksam macht.

Wer das Geheimnis des an der Maulbeerallee versteckten und jahrzehntelang verwilderten Weinbergs lüften will, muss tief in der Geschichte graben. Schon im 18. Jahrhundert war es Friedrichs II. dringlicher Wunsch, in Sanssouci Tafeltrauben zu kultivieren. Er ließ gleich drei Weinberge anlegen. Der berühmteste entstand zwischen 1745 und 1747 unterhalb des Schlosses Sanssouci, wobei die hier angebauten Rebstöcke mehr der Zierde dienten. 1763 folgte die etwas östlich gelegene Anlage auf dem Winzerberg und 1769 schließlich jene auf dem Klausberg. Die hier unter Glas getriebenen Trauben

Zu Füßen des Belvederes auf dem Klausberg im Park Sanssouci wuchsen Wein und andere Köstlichkeiten.

wurden allerdings nie gekeltert, sondern nur am preußischen Hof verköstigt.

Es ist bekannt, dass gerade Friedrich der Große bei seinen Tafelrunden gerne viel trank. Wie aus alten Dokumenten hervorgeht, liebte er Champagner, aber auch Bergerac, rot und weiß, sowie Tokajer. Den Gästen an seiner Tafel teilte er je nach Sympathie spezielle Sorten zu. Die Günstlinge erhielten Flaschenwein vom Rhein, während sich andere mit »Fasswein« oder gar »Fischwein« zufriedengeben mussten. Hinter diesem verbarg sich besseres Essigwasser.

Zu Zeiten Friedrichs II. wuchsen an auf dem Klausberg errichteten Mauern neben Wein vor allem Pfirsiche, Äpfel und Aprikosen. Der größte Ernteerfolg stellte sich aber erst nach der Verglasung der Treibmauern unter der Regie des Hofgärtners Heinrich Christian Eckstein ein. 1795 rankten die Pflanzen hier bereits an mehr als 700 Meter langen Steinkonstruktionen empor.

Die ganzjährige Versorgung der herrschaftlichen Familie mit Obst gelang jedoch erst mit dem Bau dreier großer Gewächshäuser mit entsprechenden Heizkesseln um 1902. Kaiser

Klausberg im Park Sanssouci 79

STECKBRIEF

Der Klausberg mit seinem schönen Belvedere kann jederzeit besichtigt werden. Das Aussichtsschloss selbst mit einem guten Blick über Potsdam ist zwischen Mai und Oktober jeweils sonnabends und sonntags geöffnet.
Der Zugang zum Weinberg ist nur im Rahmen eines Ausstellungsbesuches im Heizhaus und bei den regelmäßig stattfindenden Veranstaltungen möglich. Ein Blick in das Heizhaus kann auf Anfrage gewährt werden. Alle Informationen unter www.spsg.de

Anreise
Vor dem Drachenhaus hält der Bus 695 vom Hauptbahnhof (S- und Regionalbahn aus Berlin). Autofahrer steuern den Parkplatz an der Historischen Mühle an.

Erlebnismöglichkeiten
Der Park Sanssouci bietet als Gartenkunstwerk mit seinen Schlössern und Pavillons eine Vielzahl von unvergesslichen Eindrücken.

Einkehr
Direkt am Weinberg befindet sich das Drachenhaus, das von der Maulbeerallee oder direkt vom Orangerieschloss aus erreicht werden kann.

→ Extra-Tipp
Die zwischen Mai und Oktober geöffnete Ausstellung im Alten Heizhaus zeigt auch Fundstücke vom Weinberg. Darunter befinden sich sogar Mitropa-Tassen (www.spsg.de).

Wilhelm II. konnte sich über 21 Zentner Obst und Gemüse sowie über fünf Zentner Trauben freuen. Dafür mussten die Schornsteine fast unentwegt rauchen, und in den heute so geheimnisvoll anmutenden Heizhäusern herrschte Hochbetrieb.

Das Ende der Monarchie 1918 hatte zunächst keine großen Auswirkungen auf den Weinbau und die mehr als 1.000 Rebstöcke. Erst der Bombentreffer auf das Belvedere im Zweiten

Die alten Kohleöfen im Weinberg stammen aus den Anfangsjahren des 20. Jahrhunderts.

Weltkrieg ließ die Scheiben an den Mauern zerbersten. Die Rote Armee riegelte den Park Sanssouci genau wie den Neuen Garten noch im Mai 1945 ab und begann mit der Demontage von Treibhäusern als Reparationsleistung. Heute erinnern nur noch einige Reste an die ausgeklügelte Anlage.

Selbst nach der Öffnung des Parks für die Öffentlichkeit blieb das Gelände unterhalb des Klausbergs lange Zeit abgesperrt. Man ließ Kühe auf den Terrassen weiden, und vor den Heizhäusern standen Bienenwagen.

Erst 2002 erstrahlte das Belvedere wieder in seiner alten Pracht. Drei Jahre später begann mithilfe einer Behindertenwerkstatt auch die zaghafte erneute Nutzung des Geländes. Seit 2011 wachsen hier wieder erste Rebstöcke in die Höhe. Sogar einige historische Sorten wurden entdeckt.

In einigen Jahren, wenn alles wieder wie zu Kaisers Zeiten blüht und gedeiht, werden vermutlich nur noch die versteckten Heizkessel an die bewegte Geschichte des einst vergessenen Weinbergs erinnern.

Kummersdorf und Sperenberg

Von der »Dicken Berta« bis zur
»Wiege der Raumfahrt«

Schon die ersten Worte bei der Führung durch das riesige Militärgelände Kummersdorf, rund 40 Kilometer südlich Berlins, sind eine Überraschung: »Willkommen in der Wiege der Raumfahrt«, lautet die Begrüßung. Wer geglaubt hatte, dass die Anfänge der Raumfahrt in Peenemünde auf Usedom zu finden wären, wird eines Besseren belehrt. Schon 1922 wurden in Kummersdorf die ersten Raketenversuche durchgeführt. Der Physiker Wernher von Braun, der den Nazis am Ende des Krieges die »Wunderwaffe V 2« versprach, hatte seine Forschungen 1932 in Kummersdorf aufgenommen. Mitte der 1930er-Jahre musste sein aus rund 1.000 Wissenschaftlern bestehendes Team aus Platzmangel an die Ostsee umziehen.

Heute kann das Areal der »Heeresversuchsanstalt Kummersdorf-Gut« nur bei Führungen betreten werden. Diese werden von einem ehrenamtlichen Förderverein organisiert, der die Erinnerungen an die Geschichte des Ortes wachhalten

Die Kaserne entstand 1875 mit der Eröffnung des Schießplatzes bei Kummersdorf.

Fläming

Vor dem Museum im früheren Konsum liegt eine zum Test beschossene Stahlplatte.

will. Allerdings ging die Liegenschaft erst im Frühjahr 2012 vom Bund an das Land Brandenburg über, sodass die Modalitäten über ein Betreten des einstigen Militärgebietes noch nicht vollkommen geklärt sind. Es sei daher angeraten, sich vor einem Besuch beim Förderverein zu informieren, ob ein Besuch möglich ist. Zum Grundstück gehört auch der ehemalige Flugplatz im benachbarten Sperenberg, der jahrelang als Reservefläche für den Großflughafen Berlin-Brandenburg in Schönefeld blockiert gewesen war.

Die wahren Ausmaße des Areals lassen sich beim Gang durch die kleine Ausstellung im ehemaligen Konsum von Kummersdorf oder beim Spaziergang am Rande des Geländes jedoch nur erahnen. Zum Vergleich: Der gesamte Berliner Bezirk Mitte würde hier Platz finden. Nur 129 der insgesamt 3.551 Hektar großen Fläche gehören noch dem Bund. Hier ist der Boden besonders stark mit Munitionsrückständen und Altlasten verseucht. Besucher sollten sich daher von der Reparaturwerkstatt an der Försterwiese in Kummersdorf-Gut, vom Innentanklager auf dem Flugplatz, von der alten Wäscherei der Garnison und von der Deponie fernhalten.

Kummersdorf und Sperenberg 83

STECKBRIEF

Das Gelände am Rande von Kummersdorf und von Sperenberg kann nur bei Führungen besichtigt werden. Da die Eigentümerverhältnisse noch nicht ganz geklärt sind, sollte man sich vorher informieren, ob die Führungen stattfinden. Frei zugänglich sind der einstige Bahnhof und die Randgebiete.

Jeden Sonntag öffnet von 13 bis 17 Uhr eine kleine Ausstellung in der Konsumstraße. Hier beginnen auch Führungen.

Informationen
Telefon 03 37 03 / 7 70 48
www.museum-kummersdorf.de

Anreise
Kummersdorf ist von Berlin aus von der B 101 (über Trebbin) oder von der B 96 (über Wünsdorf und Sperenberg) zu erreichen.

Einkehr
In Sperenberg gibt es einen rustikalen Dorfgasthof mit Biergarten.

Erlebnismöglichkeiten
In der näheren Umgebung befindet sich die mehr als 200 Kilometer lange Asphaltstrecke »Fläming-Skate«. Ein Abstecher in das Militärgebiet kann mit einem Besuch der Bunker in Wünsdorf verbunden werden.

→ Extra-Tipp
Bis Sperenberg verläuft die Trasse der ehemaligen Militäreisenbahn, die heute von Draisinen befahren wird. Start ist der Bahnhof Zossen in der Nähe von Berlin oder der frühere Bahnhof Mellensee (www.erlebnisbahn.de). In Sperenberg lädt an schönen Tagen das Freibad zu einer Abkühlung ein.

84 Fläming

Massive Beton- und Ziegelbauten zeugen bis heute vom Ausmaß der militärischen Versuche.

Geplant ist, das weitgehend in Vergessenheit geratene Gebiet zukünftig für Windräder und Photovoltaikanlagen zu nutzen. Daneben soll nach dem Willen der Brandenburger Landesregierung anhand von rund 2.000 Objekten »der ganze Wahnsinn der Kriegsmaschinerie« für Besucher dokumentiert werden. In Kummersdorf wurde zwischen 1875 und 1945 fast jede nur erdenkliche Waffe getestet. Rund 2.000 Menschen entwickelten und prüften hier Schuhe, Lastwagen, große Kanonen, Brücken und Raketenmotoren. Sie fuhren Panzer in einer auf minus 30 Grad Celsius heruntergekühlten Halle, hämmerten Krupps Erste-Weltkriegs-Kanone »Dicke Berta« bis zu 16 Meter in den märkischen Sand, forschten an der Beherrschung der Kernspaltung und testeten Motoren für Raketen. Davon zeugen bis heute monströse Überreste von Versuchsanlagen, Laboren, Kasernen und Teststrecken. Meterdicker Beton schützte beispielsweise die Versuchsstellen für den Raketenantrieb und die Entwicklung nuklearer Waffen. Heute zieren die Mauern noch Ortsnamen wie Jaroslawl, Woronesch, Leningrad und Moskau – Hinterlassenschaften der russischen Soldaten, die hier bis 1994 ein riesiges Munitionslager hüteten.

Olympiadorf von 1936
Ein vergessener Tunnel und
Zeitungshelden auf Russisch

Die geheimnisvollen Erkundungen um das frühere Olympische Dorf der Spiele von 1936 beginnen schon bei der Suche nach dem originalen Eingang. Den historischen Unterlagen zufolge lag er direkt an der Reichsstraße nach Hamburg, rund 14 Kilometer vom Berliner Olympiastadion entfernt und auf der Gemarkung des kleinen Ortes Elstal. Auf alten Fotos ist ein durchaus stattliches Empfangsgebäude in Form eines Viertelkreises zu sehen, das Aufenthaltsräume, eine Bank, eine Post und eine »Halle der Nationen« für das Erledigen aller Formalitäten beherbergte. Immerhin fanden auf dem Areal rund 4.000 männliche Sportler aus 50 Nationen – die Frauen waren in Wohnheimen direkt am Stadion untergebracht – eine Unterkunft. Von dem Gebäude gibt es trotz intensiver Suche jedoch keine Spuren mehr. Es soll am Kriegsende als einziges Haus auf dem insgesamt 55 Hektar großen Areal gesprengt worden sein. Dafür führt die Recherche auf dem alten Olympiagelände zu einer anderen überraschenden Entdeckung: Reste des Straßentunnels, der damals zu den ersten seiner Art in der ganzen Region gehörte.

Der Tunnel ermöglichte den Mannschaftsbussen vor mehr als 75 Jahren ein ungehindertes und damit schnelles Auffahren auf die Straße nach Berlin. Außerdem stellte er die Verbindung zur Döberitzer Heide auf der anderen Straßenseite her, wo die Disziplin Reiten im Modernen Fünfkampf und der Geländeritt in der Military ausgetragen wurden. Trotz aller Bemühungen von Denkmalschützern, Heimatchronisten und Kommunalpolitikern fiel der Tunnel vor einigen Jahren dem vierspurigen Ausbau der heutigen B 5 zum Opfer. Somit dürfte wohl nur noch der geheimnisvolle Tunnelrest an den ehemaligen Haupteingang erinnern.

Havelland

Das Speisehaus der Nationen bot 38 Säle und Küchen für die einzelnen Olympiateams.

Ein Bunker am provisorischen Eingang

Besucher müssen ihren Rundgang daher am südwestlichen Zipfel des umzäunten Geländes beginnen. Das Tor liegt in einer Reihenhaussiedlung am Ende einer schmalen Straße und ist gar nicht so leicht zu finden. Weiterhin abschreckend wirkt ein kleiner Bunker mit Seh- und Schießschlitzen aus der Nachkriegszeit hinter dem Zaun. Dennoch lohnt sich eine Stippvisite im Olympischen Dorf von 1936 sowohl mit einer Führung als auch individuell. Die meiste Zeit hat man das Gelände fast ganz für sich allein. Denn obwohl es der Eigentümer, die Stiftung für gesellschaftliches Engagement der Deutschen Kreditbank (DKB), schon seit Jahren von April bis Oktober öffnet, zählt die Anlage vor der Stadtgrenze von Berlin-Spandau zu den sprichwörtlichen Geheimtipps. Und das, obwohl hier erstaunlich viele Bauten den Stürmen der Zeit widerstanden haben. Gleich nach der Abfahrt der letzten Olympiateilnehmer bezogen die ersten Soldaten die Unterkünfte, die bei Kriegsende 1945 von der Roten Armee besetzt wurden. Die letzten Einheiten fuhren von hier aus erst 1992 wieder zurück in die russische Heimat.

Zu Ehren des US-Stars Jesse Owens wurde eine Sportlerunterkunft originalgetreu restauriert.

In unmittelbarer Nähe des provisorischen Eingangs steht die alte Turnhalle, die an den Sportplatz in den Abmessungen des Olympiastadions grenzt. Dieser musste vor einigen Jahren buchstäblich unter Sand und Schutt ausgebuddelt werden. In Sichtweite befindet sich außerdem die Schwimmhalle, die seit ihrer millionenschweren Restaurierung nach einem 1993 verübten Brandanschlag nun das Glanzstück des Geländes ist. Wie einst lässt sich die komplette Fensterfront öffnen, keine Fliese bröckelt mehr ab, und auch durch das Dach peitscht kein Regenguss mehr ins Innere. Die Olympioniken könnten hier also ab sofort wieder trainieren. Tatsächlich gab es in der Region Überlegungen, die Schwimmhalle als öffentliches Freizeitbad zu öffnen. Den heutigen Ansprüchen wurde das vorhandene Niveau jedoch nicht gerecht.

Erinnerung an Jesse Owens

Von der Halle ist es nur ein Katzensprung bis zum Haus »Meißen«, das eine Ausstellung über den US-Sprinterstar Jesse

Zu besonderen Anlässen werden im Olympiadorf die originalen Trainingsanzüge und die Paradeuniformen der teilnehmenden Mannschaften gezeigt.

Owens beherbergt. Bei dem Gebäude handelt es sich um eines von 21 noch erhalten gebliebenen Sportlerunterkünften. Ursprünglich standen auf dem von Walter und Werner March entworfenen Gelände 140 ein- und zweistöckige Gebäude mit Zwei-Bett-Zimmern.

Noch keine Nutzung gibt es für das dreistöckige Speisehaus der Nationen. Bogenförmig reihen sich hier 38 Speisesäle und

Olympiadorf von 1936

STECKBRIEF

Das Gelände kann täglich vom 1. April bis zum 31. Oktober besichtigt werden. Angeboten werden eine Überblicksführung und thematische Rundgänge zum Speisehaus der Nationen, zum Hindenburghaus, zur Turn- und zur Schwimmhalle und zur »Ideologie der Landschaftsgestaltung«.

Informationen
Telefon 03 30 94 / 70 04 51
www.dkb-stiftung.de

Anschrift
14641 Wustermark / OT Elstal, Rosa-Luxemburg-Allee 70

Anreise
Am schnellsten ist das Geländer über die B 5 entweder vom Berliner Stadtzentrum (Heerstraße) oder von der Ausfahrt Spandau des westlichen Berliner Autobahnrings über die ausgeschilderte Abfahrt »Olympisches Dorf« zu erreichen.
Der nächstgelegene Bahnhof befindet sich in Elstal. Von dort sind es zwei Kilometer bis zum Eingang.

Erlebnismöglichkeiten
Gegenüber des Olympiadorfs befindet sich die Döberitzer Heide, die von der Stiftung des einstigen Tierfilmers Heinz Sielmann betreut wird. Es gibt ein Besucherzentrum und Wanderwege zum Wisentgehege und zum Areal von Przewalski-Wildpferden (www.sielmann-stiftung.de).

Einkehr
Die besten Möglichkeiten finden sich im nahen Berlin.

→ Extra-Tipp
In der Nachbarschaft befindet sich das große Outlet-Center »B 5«, in dem Textilien und andere Waren der vergangenen Saison zu einem niedrigeren Preis angeboten werden.

ebenso viele Küchen für die einzelnen Mannschaften aneinander. Obwohl alle Türen verschlossen sind, erlauben kleine Öffnungen den Einblick ins Innere. Man sieht Zeitungsseiten mit kyrillischen Buchstaben. In Wort und Bild schildert die *Komsomolskaja Prawda* den »heldenhaften Einsatz von Jungkommunisten bei der Getreideernte«. 1982, so ist zu entziffern, kamen die Seiten wohl als Tapetenersatz an die Wände. Damals trainierten hier Ringer und Boxer des »Sowjetischen Armee-Sportklubs Elstal« auch für Olympische Spiele.

Nach dem Abzug der Soldaten 1992 fehlte es zunächst nicht an Ideen für eine Nutzung des riesigen Gebäudes. Alle Pläne für ein Tagungszentrum, ein Hotel, eine Klinik oder zuletzt für eine internationale Fußballschule für 1.000 Kinder aus aller Welt scheiterten jedoch am hohen Sanierungsbedarf. Selbst das kleinere Hindenburghaus, in dem Fernsehgeräte schon die Wettkämpfe aus dem Olympiastadion übertrugen, harrt noch einer Nutzung. Das Olympische Dorf von 1936 dürfte also noch lange geheimnisvoll und voller Überraschungen bleiben.

TOUR 8 OBERHAVEL

Raketensilo Dannenwalde
Bis heute liegt der Deckmantel des Schweigens über dem Inferno von 1977

Das große Geheimnis des kleinen Ortes Dannenwalde zwischen Gransee und Fürstenberg (Havel) wird frühestens im Jahre 2017 gelüftet. Denn erst nach Ablauf der 40-jährigen Frist zur Geheimhaltung sowjetischer Militärakten können Historiker Einblick in die Dokumente über eines der schwersten Unglücke nehmen, das sich während der fast ein halbes Jahrhundert langen Stationierung russischer Truppen in Ostdeutschland ereignete. Am 14. August 1977 kam es hinter den Kasernenmauern des Munitionsdepots Dannenwalde zur Detonation Hunderter Katjuscha-Raketen, die eine bis heute unbekannte Zahl von Soldaten in den Tod riss. Berichten zufolge kamen dabei mindestens 50 bis 70 Menschen ums Leben – es könnte aber auch bis zu 300 Todesopfer gegeben haben. Einziger Anhaltspunkt für diese Schätzungen ist die Anzahl der von Firmen damals in die Garnison gelieferten Zinksärge. Es soll sich nach den Erinnerungen ehemaliger Beschäftigter um »mindestens fünf Dutzend« gehandelt haben. Angesichts der in der Umgebung wahrgenommenen Stärke der Explosionen sind bei dem Inferno einige menschliche Körper jedoch möglicherweise bis zur Unkenntlichkeit zerfetzt worden.

Das frühere Militärgelände hinter der Eisenbahnlinie Berlin–Neustrelitz–Rostock verbreitet noch immer eine recht unheilvolle Atmosphäre. Obwohl das Eingangstor hinter dem Bahnhof Dannenwalde verschlossen ist, ist der Zugang auf das einstige Militärgelände nicht völlig versperrt. Hinter der Eisenbahnbrücke auf der B 96 in Richtung Norden zweigt ein alter Betonweg nach links in den Wald ab. Spätestens nach zwei Kilometern sollte man seine Erkundungen jedoch lieber abbrechen. An den Bäumen sind Schilder angebracht, die vor Munition im Boden und einem Betreten des Geländes warnen. Die bis dahin gewonnenen Eindrücke von Größe, Abgeschiedenheit und Unberührtheit eines bereits 1992 verlassenen Militärgebiets sind zu diesem Zeitpunkt ohnehin ausreichend.

Über den Ablauf der Katastrophe im Sommer 1977 gibt es durch die Befragungen von Zeitzeugen inzwischen weitgehend

Oberhavel

Der Wald rings um Dannenwalde steckt noch voller Gefahren im Boden.

gesicherte Erkenntnisse. Demnach war es in den Mittagsstunden jenes verhängnisvollen Tages zu einem Blitzeinschlag in einen Stapel von Katjuscha-Raketen gekommen. Munition entzündete sich, geriet in Brand und ließ die Feststoffantriebe der Raketen in Betrieb gehen. Mehrere Hundert dieser Geschosse detonierten in einem Umkreis von 20 Kilometern. Da die Zünder vorsorglich ausgebaut worden waren, kam es glücklicherweise nicht zur Explosion des Sprengstoffs. Dennoch hinterließen die Einschläge in der Umgebung bis nach Fürstenberg und Gramzow schwere Sachschäden. Ein Munitionszug konnte glücklicherweise noch rechzeitig aus der Gefahrenzone gezogen werden.

In der benachbarten Zivilbevölkerung gab es keine Tote, während die meisten Opfer unter den sowjetischen Soldaten wohl bei der Brandbekämpfung ums Leben kamen. Die bei den insgesamt sechs Stunden dauernden Detonationen beschädigten Raketen wurden in den folgenden Wochen auf einem Truppenübungsplatz gesprengt. Trotz der Schwere des Unglücks drang kein Sterbenswörtchen darüber an die Öffentlichkeit. Sogar die Post der Einwohner soll damals von der Stasi

Die achteckige Kirche mit einem wechselnden Kulturprogramm ist das Wahrzeichen des Dorfes.

kontrolliert worden sein, um Briefe und Postkarten mit einem Hinweis auf das Ereignis abzufangen. Und tatsächlich, die Geheimhaltung funktionierte.

Wahrscheinlich wäre es selbst nach den ersten »Enthüllungen« um das Ereignis in Dannenwalde nach der Wende 1990 weitgehend ruhig geblieben, wäre die Region nicht im Frühjahr 2002 durch einen besonderen Fund aufgeschreckt

STECKBRIEF

Das Militärgelände, von den Einheimischen kurz Raketensilo genannt, ist nicht komplett abgesperrt. Es soll nach dem Willen der Landkreisverwaltung schrittweise für Besucher geöffnet werden. Ein Zugang befindet sich vor der Eisenbahnbrücke der B 96 hinter dem Ortsausgang in Richtung Fürstenberg. Da die Munitionsbelastung des Erdbodens nicht abgeschätzt werden kann, sollten Warnschilder unbedingt beachtet werden.

Anreise
Die B 96 Berlin–Stralsund führt direkt durch Dannenwalde. Täglich halten mehrere Züge von und nach Berlin am örtlichen Bahnhof.

Erlebnismöglichkeiten
Die Haltestelle Dannenwalde auf der Strecke Berlin–Rostock bezeichnet sich als »Umweltbahnhof«. Hier beginnen Wander- und Radwege in verschiedene Richtungen, so zum nahen Wentowsee und nach Himmelpfort. Vor alten Gebäuden im Ort geben Schilder Auskunft. Auch ein Barfuß-Pfad steht zum Ausprobieren zur Verfügung.

Einkehr
Es gibt Imbissangebote an der B 96. Eine größere Auswahl besteht in Fürstenberg (u. a. am Yachthafen).

→ Extra-Tipp
Genau an der Kreuzung zwischen der B 96 nach Stralsund und der Straße nach Himmelpfort (Weihnachtsmannpostamt) steht eine achteckige Kirche aus dem Jahre 1821.
Hier finden regelmäßig wechselnde Ausstellungen, Konzerte und Lesungen statt. Außerdem beginnen vor der Tür geführte Rundgänge durch das Dorf (www.kirche-dannenwalde.de).

worden. In einer mit Erde bedeckten Grube entdeckten Munitionssucher 200 Katjuscha-Raketen. Schnell stellte sich heraus, dass die überwiegend noch funktionsfähigen Waffen in der Aufregung nach der Detonation 1977 vergraben worden waren. Vielleicht wollte man alle Spuren des Unglücks verwischen. Als die Besatzungstruppen das rund 60 Hektar große Areal in Dannenwalde 1992 räumten, war von dem Geheimnis jedoch keine Rede mehr. Es verschwand ebenso in der Versenkung wie Hinweise auf eine mögliche Stationierung von Atomwaffen in Dannenwalde. Deutsche Fachleute stießen bei der ersten Inspektion der Gebäude nach dem Truppenabzug jedenfalls auf entsprechende Vorrichtungen für solche Munition. Aber auch diese Frage wird wohl erst nach Einsicht in die bis dato verschlossenen Militärakten der Sowjets zu beantworten sein.

Lungenheilstätte Grabowsee
Alte Ruinen als Heimat für neue Pläne

Vielleicht ist der Vergleich mit dem Wiederaufbau der Dresdner Frauenkirche etwas gewagt. Aber der auf dem Gelände der einstigen Lungenheilanstalt Grabowsee bei Oranienburg ansässige Verein »Kids Globe« will öffentliche Aufmerksamkeit erregen. Darüber hinaus braucht man vor allem Geld, um hier eine internationale Jugendakademie einzurichten. Der Plan ist, Jugendliche aus unterschiedlichen Ländern neue Formen des Lernens ausprobieren und eine längere Zeit zusammen verbringen zu lassen.

Doch bis dahin ist es noch ein weiter Weg, wie ein Rundgang durch das 32 Hektar große Areal beweist. Die meisten der rund drei Dutzend Gebäude können nur noch als Ruinen bezeichnet werden. Trotz der versteckten Lage des Geländes haben Vandalismus und Plünderungen große Schäden hinterlassen. Dabei befanden sich die Gebäude bei Auszug der russischen Streitkräfte im Jahre 1992 noch in einem passablen und

Das Haus Asklepios bildete einst das Herz der ganzen Lungenheilstätte.

Lungenheilstätte Grabowsee

Die seit dem Abzug der russischen Truppen 1992 leer stehenden Gebäude verfallen.

durchaus nutzbaren Zustand. Aber das Überangebot an solchen Liegenschaften im Berliner Umland schränkte die Nachfrage, hier Wohn- und Gewerbeflächen entstehen zu lassen, stark ein.

Bei einer Stippvisite, die nach Anmeldung am Tor jederzeit möglich ist, kann man sich einen Überblick über die beachtlichen Dimensionen der Anlage verschaffen. Die Lungenheilanstalt Grabowsee gilt als erste Heilstätte ihrer Art in Deutschland. Im Frühjahr 1896 testete das Deutsche Rote Kreuz hier, ob sich auch das norddeutsche Flachland zur Behandlung von Lungentuberkulose eignet. Daher errichtete man am Grabowsee zunächst nur 27 Baracken. Die Wirkung der frischen Waldluft auf die Patienten überstieg jedoch alle Erwartungen, sodass schon vier Jahre später die ersten massiven Häuser gebaut wurden. Innerhalb kurzer Zeit entstand eine richtige kleine Stadt mit Patientenhäusern, OP-Sälen und Behandlungszimmern, Direktorenvilla, Maschinenhaus, Liegehallen, Stallgebäuden, Beamtenwohnungen und Gasanstalt. Später beförderte sogar eine unterirdische Bahn die Speisen von der Zentralküche bis zu den Bettenhäusern der bis zu 400

Die Kirche (auch Kapelle genannt) brannte bei einem Anschlag im Jahre 2007 aus und stürzte teilweise in sich zusammen.

Patienten. Der Gebäudekomplex, zu dem heute 41 Bauten gehören, erlangte schnell den Ruf der schönsten Lungenheilanstalt Brandenburgs.

Nicht zuletzt aus diesem Grund richteten sich die sowjetischen Streitkräfte nach Kriegsende 1945 hier eine Klinik ein. Sämtliche Ärzte und Schwestern wurden dabei von der Armee gestellt, an vielen anderen Stellen arbeiteten aber auch DDR-Bürger. 1992 wurde das komplette Gelände verlassen.

Lungenheilstätte Grabowsee

STECKBRIEF

Das Gelände der ehemaligen Lungenheilstätte ist eingezäunt. Der Projektentwickler ist jedoch ständig in einem Baucontainer anwesend und erlaubt eine Begehung. Für Fotos verlangt er eine kleine Gebühr, über die aber verhandelt werden kann.

Informationen
0175/2 42 52 75
www.kidsglobe.org

Anreise
Mit dem Auto von der Ausfahrt Mühlenbeck des nördlichen Berliner Autobahnrings auf der Landstraße bis Wensickendorf. Dort rechts in die Schmachtenhagener Dorfstraße abbiegen, von der der Malzer Weg links abzweigt. Hier weist ein Schild den Weg zum Grabowsee.
Der Fernradweg Berlin–Kopenhagen und der Havelradweg führen direkt am Gelände vorbei.

Einkehr
Möglichkeiten bestehen im Landhotel Wensickendorf und im nahen Oranienburg.

Erlebnismöglichkeiten
Der Grabowsee bietet sich als Station auf einer Radtour von Oranienburg über Friedrichsthal und Schmachtenhagen zurück zum Ausgangspunkt (S-Bahnhof) an.

→ Extra-Tipp
Nur rund drei Kilometer von der früheren Lungenheilstätte entfernt liegt der Oberhavel-Bauernmarkt in Schmachtenhagen. Hier kann Landwirtschaft in Kuh- und Hühnerställen aus unmittelbarer Nähe erlebt werden. Ein Restaurant bietet deftige Speisen an.

Im Anschluss an den Abzug übernahm ein anonymes Finanzunternehmen die Liegenschaft, ging aber recht arglos damit um. Die größten Schäden richtete eine Paintball-Gesellschaft an, die in den Häusern wilde Kriegs- und Actionszenen nachspielte. Auch Graffiti-Künstler hinterließen an den Wänden ihre Spuren. Die Kirche fiel 2007 einer Brandstiftung zum Opfer.

Trotz des schlechten baulichen Zustands lohnt sich eine Entdeckung der früheren Heilstätte am Grabowsee. Die Gebäude verströmen ein Flair, das das ehemalige Leben an diesem Ort durchaus noch nachempfinden lässt.

Gründgens-Villa Zeesen

Der Treffpunkt für Stars und Prominente blickt in eine ungewisse Zukunft

Die Natur kämpft mit aller Macht gegen das berühmteste Haus in Zeesen bei Königs Wusterhausen. Der Sieger steht schon seit einigen Jahren fest, seitdem große Bäume, dichte Büsche und Unkräuter große Teile der Freitreppe, der Veranda, des Daches und sogar der Fassade erobert haben. Im Garten in Richtung Straße sind die einstigen Wege nur noch zu erahnen, während die Wildnis zum See hin immer dichter wird. Nur von dieser Seite aus kann man zu dem Haus vordringen, das unter dem Namen »Gründgens-Villa« die Öffentlichkeit lange Zeit vor und nach dem Zweiten Weltkrieg und seit der deutschen Wiedervereinigung mal mehr und mal weniger ausführlich beschäftigte. Der 1963 verstorbene Schauspieler Gustaf Gründgens ist vor allem als Darsteller des Mephisto und des Hamlet unvergessen. Zusammen mit seiner nicht weniger bekannten Ehefrau Marianne Hoppe hieß er in Zeesen Künstler wie Theo

Die Gründgens-Villa liegt versteckt hinter Bäumen und Gestrüpp.

Dahme-Spreewald

Von der Terrasse aus konnten die Bewohner und Gäste der Villa gleich in den Zeesener See laufen.

Lingen, Marikka Röck, Zarah Leander und Hans Albers willkommen.

Doch schon vorher hatte das Haus an der kleinen Straße »Am Schlosspark« durchaus illustre Eigentümer und Gäste erlebt. So bescheinigte das Brandenburgische Landesamt für Denkmalpflege dem Bau eine »einmalige Besonderheit«. Der von der Familie Eberhard von Danckelmann 1688/90 errichtete Bau gehöre »zu den ersten modernen adligen ›Lustgebäuden‹ in Brandenburg«. Klassifiziert wurden Lustgebäude dabei als kleine, eingeschossige und nur für kurze sommerliche Aufenthalte konzipierte Häuser.

Selbst die königliche preußische Familie zählte zu den Eigentümern, ehe mit dem Erwerb des Hauses durch Eugen Gutmann, dem Gründer und langjährigen Direktor der Dresdner Bank, im Jahre 1903 eine Ära legendärer Dinnerpartys und Empfängen für die Prominenz des Kaiserreichs begann. Gutmanns Freund Ernst Goldschmidt, ebenfalls ein Bankier, kaufte das Schloss im Jahre 1925. Er war mit der Mutter von Carl Zuckmayer verwand, der mit seiner Tragikomödie *Der Hauptmann von Köpenick* über Nacht in aller Munde war. Auch der

Gründgens-Villa Zeesen

STECKBRIEF

Von der Straßenseite aus ist das Betreten des Grundstücks nicht möglich. Vom Zeesener See aus führt ein Trampelpfad zum Haus. Die ehemalige Villa befindet sich direkt neben dem Strandbad in Zeesen. Ein Betreten des Hauses kann nicht empfohlen werden.

Anreise
Zeesen gehört zur Stadt Königs Wusterhausen und liegt an der B 179. Die Gründgens-Villa befindet sich direkt an der Kreuzung Dorfaue/Schulstraße. Um auf den Weg am See zu stoßen, nimmt man einfach die Einfahrt zum Bürgerbüro (zwei Häuser neben der Grundschule Zeesen).

Erlebnismöglichkeiten
Ein Ausflug nach Zeesen kann mit einer Besichtigung des Jagdschlosses in Königs Wusterhausen verbunden werden. Eine Ausstellung auf dem Funkerberg erinnert an die große Zeit der Stadt als »Wiege des Rundfunks«.

Einkehr
Die Stadt Königs Wusterhausen bietet zahlreiche Einkehrmöglichkeiten.

→ Extra-Tipp
An schönen Sonnentagen ist ein Besuch des kleinen Zeesener Strandbads mit Gartenlokal zu empfehlen. Das Strandbad liegt direkt neben dem Grundstück der Gründgens-Villa.

Dichter Klabund (Alfred Henschke) erlebte am Zeesener See glückliche Sommerwochen.

Die waren spätestens mit dem Machtantritt der Nazis vorbei. Als Ernst Goldschmidt 1934 starb, verkaufte sein Sohn Rudolf die Villa an Gründgens. Über die genauen Umstände dieses Geschäftes stritten die Erben der Goldschmidts und Peter Gründgens-Gorki, Adoptivsohn und einziger Erbe des Schauspielers, nach der Wiedervereinigung 1990 jahrelang vor Gericht. Das Gericht bestätigte schließlich den »Notverkauf«

der jüdischen Eigentümer auf Druck der Nazis, der sich unter anderem in dem um die Hälfte reduzierten Grundstückspreises an Gründgens ausdrückte. Nach dem Tod von Rudolf Goldschmidt 1999 übernahm ein Freund und Geschäftspartner die Villa. Zahlreiche Pläne für ein Kinderkurheim, ein Kulturzentrum oder eine Nutzung als Wohnung verliefen im Sande. Nicht zuletzt schreckte die potenziellen Investoren der schlechte bauliche Zustand des Gebäudes ab, das zu DDR-Zeiten vom Außenministerium genutzt wurde. Eine jugendliche Besetzergruppe hatte in den Wirren der Nachwendezeit große Schäden angerichtet. Graffitis an den Wänden und Bauwagen im Park künden noch von ihrer Anwesenheit. So wird die Gründgens-Villa wohl langsam aber sicher dem Vergessen anheimfallen.

Freiheitssender 904 Bestensee

Von hier aus sendete eine geheime Station merkwürdige Parolen, flotte Musik und Propaganda

Die Parolen im Radio klangen verrückt. Da sollten »Kleingärtner zum Rasieren den Rasenmäher benutzen«, die Kräuterhexe musste dringend Baldrian besorgen und der Laubfrosch wurde angehalten, »sofort die Farbe zu wechseln«. An anderen Tagen gab es Hinweise, den »angebrannten Kuchen aus dem Ofen« zu nehmen oder das Gebiss des Krokodils zu schärfen; und auch die Warnung für das Meerschweinchen vor dem Adler fehlte nicht.

Bis heute herrscht unter Historikern, Zeitzeugen und Ortschronisten keine Einigkeit darüber, ob diese Mitteilungen wirklich Botschaften für Spione oder Agenten enthielten oder ob sie reine Erfindungen waren. Wie so oft liegt die die Wahrheit wahrscheinlich dazwischen. Der »Freiheitssender 904« – benannt nach der Mittelwellenfrequenz, auf der er sendete – verbreitete zwischen 1956 und 1971 tagtäglich Sprüche dieser

Bis 1971 gingen hier Redakteure des Freiheitssenders ein und aus.

Dank des nahen Ufers konnte das Gelände am Rande von Bestensee leicht abgeschottet werden.

Art. Als Stationskennung fungierten die Anfangstakte von Beethovens »Freude schöner Götterfunken« sowie der Spruch »Hier ist der Deutsche Freiheitssender 904 – der einzige Sender der Bundesrepublik, der nicht unter Regierungskontrolle steht«. Der unbedarfte Hörer konnte tatsächlich glauben, inmitten der BRD einer geheimen Station zur Führung von Verfolgten oder Untergrundkämpfern zu lauschen. Dabei befanden sich Redaktion und Sendeanlagen mitten im Osten.

Einer dieser streng geheimen Orte lag in Bestensee, südlich von Berlin. Hier fühlte sich die Mannschaft des Freiheitssenders ab 1966 offensichtlich sicherer als zuvor im Funkhaus in der Nalepastraße oder in der Journalistenschule in Friedrichshagen. Auch wenn sich das Terrain heute zum attraktiven Wohngebiet entwickelt hat, sind einige alte Gebäude und ihr einstiger Bestimmungszweck durchaus noch erkennbar. Verständlich wird auch, warum man sich einst für dieses einsam gelegene und doch günstig von Berlin aus erreichbare Gebiet entschieden hat. Die Villa des einstigen Müttergenesungsheimes grenzt direkt ans »Seechen« in Bestensee, während der nördliche Teil des Grundstücks von der Eisenbahnlinie

Freiheitssender 904 Bestensee 107

In diesem Gebäude befand sich der Sendesaal der vermeintlichen Geheimstation.

Berlin–Cottbus begrenzt wird. Beim Blick durch die offenen Fenster und Türen sind die typischen Wandverkleidungen eines Studios zu erkennen.

Brummton als vermeintliche Störung

Hier produzierten bis zu 15 Redakteure ein Programm, das die kommunistische Ideologie auf geschickte Weise im Westen verbreiten sollte. Nicht ganz zufällig fiel der Sendestart auf den Tag nach dem Verbot der KPD in der Bundesrepublik im Jahre 1956. Dass das Programm durchaus eine beachtliche Hörerschar sowohl in Ost und West fand, lag vor allem am Senden populärer Musik. Die Platten hatten sich die Redakteure, die offiziell beim VEB Kraftverkehr angestellt waren, vorher selbst in West-Berlin besorgt. Mitunter wurde auch einfach ein »echtes« Westprogramm mitgeschnitten. Zwischendurch kamen per Knopfdruck jene geheimnisvollen Agentensprüche oder sogar ein »Brummton« ins Programm, als Zeichen einer angeblichen Störung durch die damalige Bundespost.

STECKBRIEF

Das ehemals abgeschottete Gelände des Freiheitssenders 904 wird schrittweise zum Wohngebiet in bester Lage umgestaltet. Das frühere Sendehaus (mit Fachwerk) ist trotz vieler Schäden und Plünderungen noch als solches zu erkennen.

Informationen
www.bestensee.de

Anreise
Das Grundstück befindet sich am Seechen am Rande von Bestensee in der Nachbarschaft von Zeesen. Es ist von der Puschkinstraße (Abzweig der Zeesener Straße in der Nähe des Bahnhofs) aus zu erreichen.

Erlebnismöglichkeiten
Bestensee lädt zum Baden, Wandern und Radfahren ein.

Einkehr
Das »Königliche Forsthaus« in der Hauptstraße 2 lohnt einen Abstecher sowohl wegen des Essens als auch wegen der schönen Lage in der Waldeinsamkeit (www.kgl-forsthaus.de).

→ Extra-Tipp
Bestensee wird gleich von neun Seen eingerahmt. Besonders reizvoll ist ein Abstecher in das zwischen Bestensee und Krummensee gelegene Naturschutzgebiet Sutschke-Tal.

Das Ende für den Freiheitssender 904 kam am 30. September 1971. Der ebenfalls im Osten produzierte »Deutsche Soldatensender« blieb noch bis zum 30. Juni 1972 im Äther. Die Gründe hierfür mögen vielfältig gewesen sein. Zum einen machte die Etablierung der 1968 gegründeten Deutschen Kommunistischen Partei (DKP) den Kampf gegen das KPD-Verbot hinfällig. Zum anderen sollte die beginnende Entspannungspolitik, nicht zuletzt begünstigt durch den Wechsel von Walter Ulbricht zu Erich Honecker an der Parteispitze im Mai 1971, wohl nicht durch Propagandaschlachten gestört werden.

Außerdem stand der hier betriebene Aufwand in keinem Verhältnis zur Wirkung des Mittelwellensenders, der von Burg bei Magdeburg aus nur in den Norden und in die Mitte Westdeutschlands stahlen konnte.

Die Gebäude in Bestensee wurden zunächst in ein Erholungsheim umgestaltet, ehe sich Ende der 1970er-Jahre wieder der Schleier des Geheimen über den Ort legte. Zu diesem Zeitpunkt begannen Fernseh- und Rundfunktechniker hier Studios für den Ernstfall einzurichten. Im Falle eines Krieges, zu dem es damals zwischen Ost und West durchaus hätte kommen können, wäre bei Ausfall des Rundfunkhauses in der Nalepastraße oder des Fernsehzentrums in Adlershof aus Bestensee gesendet worden.

Rund um das ehemalige Sendehaus wird gerade ein kleiner Wohnpark errichtet. Bald wird vielleicht nichts mehr an den merkwürdigen Freiheitssender mit seinen komischen Parolen erinnern.

Mitten in der früheren Militärstadt Wünsdorf stehen solche begehbaren Luftschutztürme aus den Jahren 1938 bis 1941.

BUNKERWELTEN

Abstieg in unterirdische Relikte des Kalten Krieges

Die Brandenburger Erde gleicht vor allem nordöstlich Berlins dem berühmten Schweizer Käse. Derart von Bunkern, Kommandozentralen und anderen unterirdischen Militäranlagen durchlöchert ist keine andere Region in Deutschland. Einige dieser Anlagen gehen auf die Vorbereitungszeit auf den Zweiten Weltkrieg zurück. Die meisten sind jedoch das Ergebnis der Konfrontation zwischen Ost und West in den vier Jahrzehnten vor dem Fall der Mauer 1989. Von den einst mehr als 30 unterirdischen Bauten der sowjetischen Streitkräfte und der Nationalen Volksarmee (NVA) können einige noch heute in Augenschein genommen werden. Sie wurden nach der Wende von den Sprengkommandos verschont, manchmal einfach vergessen oder unter Denkmalschutz gestellt. Die regelmäßig stattfindenden Führungen zeugen von einer fast schon vergessenen Welt der Militärs, der Angst der Parteiführer vor einem Atomschlag und vor allem von der Verschwendung von Geld und Material. Die folgende Aufzählung stellt nur eine Auswahl dar.

Harnekop

Im 40 Kilometer von Berlin entfernten Harnekop wurde von 1971 bis 1976 unter strengster Geheimhaltung die Hauptführungsstelle des DDR-Militärs gebaut. Im Ernstfall sollte sie die Verbindung zum Oberkommando der Warschauer Vertragsstaaten unterhalten und 455 Männern mindestens 25 Tage lang ein Überleben sichern. Die Besucher laufen über 95 Stufen in einem als Schulungsgebäude getarnten Bauwerk in die Tiefe, wo ganzjährig 10 bis 12 Grad Celsius herrschen. Auf drei Etagen war an alles gedacht: Schleusenbereiche, Kommando- und Arbeitsbereiche, Unfallhilfsstelle, Küche, Speise- und Ruheräume, Dispatcherzentrale und natürlich durfte auch das perfekt ausgestattete Arbeitszimmer des Ministers nicht fehlen.

Bunkerwelten

Informationen:
Harnekop bei Bad Freienwalde
Besichtigung im Sommerhalbjahr sonnabends und sonntags um 10, 12, 14 und 16 Uhr
Telefon 030/96 20 49 30 oder 03 34 36/3 57 27
www.bunker-harnekop.de

Wollenberg

Ein ähnliches Bild bietet der erst 1987 fertiggestellte Bunker in Wollenberg an der B 158 bei Bad Freienwalde, der über einen rund 200 Meter langen Tunnel zu erreichen ist. Das Kommandeurszimmer ist neben Schreibtisch, Schlafcouch und Sprechpult sogar mit einer Minibar ausgestattet. Hier war man auf ein autarkes Überleben von mindestens zwei Wochen vorbereitet. Unter dem Tarnnamen »Tushurka« war Wollenberg eine von insgesamt 26 Funkstationen in der Sowjetunion, Bulgarien, Ungarn, Polen und der ČSSR. Die Technik befand sich nicht nur im zweistöckigen Bunker, sondern auch auf schweren Lastwagen, die heute noch zu besichtigen sind.

Informationen:
Wollenberg bei Bad Freienwalde
Besichtigung sonnabends und sonntags 10 und 14 Uhr
Telefon 03 34 54/4 98 65
www.bunker-wollenberg.de

Kunersdorf

Das Schild klingt banal: »Unter der Dusche Grundreinigung durchführen«. Doch offensichtlich trauten die Offiziere ihren Soldaten selbst tief unter der Erde nicht über den Weg. Denn das Treiben unter dem Wasserstrahl wurde zusätzlich von einem Wachhabenden durch ein Bullauge in der Stahlwand eines Bunkers beobachtet. Dabei bekam er allerdings keine nackten Männerkörper zu Gesicht, sondern in ihren Schutzanzügen und Gasmasken recht merkwürdig aussehende Gestalten. Mit einer Speziallauge sollten sie nach dem Abwurf einer

Abstieg in unterirdische Relikte

Atombombe jegliche radioaktive Belastung einfach abspülen und dem Kommandeur im unterirdischen Labyrinth wieder zur Verfügung stehen.

Solche und viele andere Gruselgeschichten können Besucher im noch fast original erhaltenen Bunker in Kunersdorf an der B 167 bei Wriezen hören. Die ehemalige unterirdische Funkzentrale der NVA war äußerlich perfekt als Wetterstation getarnt, sodass selbst Anwohner und die zur Bewachung abgestellten Soldaten keine Ahnung vom Treiben unter der meterdicken Betondecke hatten. Im Garten stehen bis heute noch richtige Wetterhäuschen, und der Bunkereingang ist in einem Werkstattschuppen versteckt.

80 Soldaten und Offiziere befanden sich hier in ständiger Gefechtsbereitschaft, um im Ernstfall den Funkkontakt zwischen den Einheiten aufrechtzuerhalten.

Informationen:
Bunker Kunersdorf bei Wriezen
Telefon 0171/6 89 83 72
Termine für Besichtigungen unter www.bunker-kunersdorf.de

Freudenberg

Im Bunker am Rande des kleinen Dorfes Freudenberg sollte der Chef der Volkspolizei mindestens drei Tage lang den »Angriff des Klassenfeindes« völlig autark unter Tage überleben können. Der Eingang in den Komplex war als Bretterverschlag getarnt. Allerdings haben ihn in den vergangenen 20 Jahren Souvenirjäger ausfindig gemacht, die so manchen Gegenstand entwendeten. Auf die verbliebenen Fernschreiber, Rechner, Kartentische und Telefonzentralen hat sich eine Schimmelschicht gelegt. In einigen Räumen brennt zwar noch Licht, aber ohne Taschenlampe ist der Ausgang nicht zu finden. Der Bunkerkomplex umfasst vier verschiedene Bunker, die die Besucher durch ein über 200 Meter langes Tunnelsystem erkunden können.

114 Bunkerwelten

Paul Bergner gilt nicht nur für den Bunker Freudenberg als Experte.

Informationen:
Bunker Freudenberg unweit der B 158 vor Bad Freienwalde im Gewerbegebiet. Der Weg ab der Ortsmitte ist ausgeschildert. Informationen unter www.ddr-bunker.de

Ladeburg

Im ehemaligen Gefechtsstand der 41. Fla-Raketenbrigade »Hermann Duncker« zwischen Bernau und Ladeburg wurde ab 1986 der Luftraum über Berlin überwacht. Der 30 Meter lange Tunnel endet an einer rund drei Tonnen schweren Stahltür.

Im Normalbetrieb hielten sich in den 68 Räumen auf zwei Etagen 30 bis 40 Soldaten auf und verrichteten ihren 24-Stunden-Dienst. Im Ernstfall hätte der Platz sogar für 110 Soldaten ausgereicht, die hier zwei Wochen nach einem Atomschlag hätten verbringen sollen. Im Funkraum und in der Dispatcherzentrale stehen originale Geräte. Dazu kommen alte Uniformen, Karten, Bilder und Lebensmittel in Dosen. Das Gelände wird heute vom Tierheim Ladeburg genutzt.

Abstieg in unterirdische Relikte 115

Informationen:
Ladeburg bei Bernau (NVA)
Führungen jeden ersten und letzten Sonnabend
im Monat um 13 Uhr
Telefon 0 33 38 / 70 28 19 oder 0162 / 1 81 29 26
www.bunker-ladeburg.de

Wünsdorf

»In 100 Minuten erleben Sie Weltgeschichte«, kündigt der Führer durch die Bunkeranlagen der ehemaligen Militärstadt Wünsdorf südlich Berlins vollmundig an. Um die Aufmerksamkeit der Gruppe muss er sich ohnehin nicht sorgen. Das liegt nicht zuletzt an dem mitunter unheimlich anmutenden Labyrinth aus langen Gängen, Rohren und dunklen Räumen im unterirdischen Nachrichtenbunker »Zeppelin«. Alles macht einen überraschend intakten Eindruck. Nach seiner Fertigstellung kurz vor Kriegsausbruch 1939 nutze ihn das Oberkommando des Heeres bis 1945. In dieser Zeit liefen sämtliche

In Wünsdorf widerstand so mancher Bunker jeglichen Sprengversuchen.

Russische Soldaten stimmten sich auf dem Wünsdorfer Bunkergelände auf den Sauna-Besuch ein.

Meldungen zwischen den Fronten und dem Oberkommando des Heeres durch die Telefondrähte des Nachrichtenbunkers, rund 120.000 Telefonate am Tag.

Im Zuge der anschwellenden Kuba-Krise baute die sowjetische Armeeführung die noch vorhandenen Wehrmachtsbauten Ende der 1950er-Jahre in eine vermeintlich »kernwaffensichere« Kommandozentrale um. Von 1953 bis 1994 wurden die in Ostdeutschland stationierten sowjetischen Truppen von hier aus dirigiert. Eine 17 Kilometer lange Mauer umgab die »verbotene Stadt«, in der etwa 40.000 Offiziere, Soldaten

Abstieg in unterirdische Relikte 117

In diesen vor Luftangriffen geschützten Sheltern lagerten die russischen Streitkräfte Militärtechnik.

und Familienangehörige lebten. Die meisten Kasernen sind inzwischen zu Wohnungen umgebaut worden oder werden als Antiquariat genutzt.

Informationen:
Wünsdorf bei Zossen (Wehrmacht und Sowjetarmee)
Führungen montags bis freitags um 14 Uhr,
sonnabends und sonntags 12, 14 und 16 Uhr
(April bis Oktober), sonst um 13 und 15 Uhr
Telefon 03 37 02 / 96 00
www.buecherstadt.com

Weitere Bunker:

Bunker Garzau bei Strausberg (NVA)
Informationen unter www.bunker-garzau.de

Kolkwitz bei Cottbus (NVA-Luftraumüberwachung)
Informationen unter www.kbf-gs31.de

Der röhrende Bronzehirsch am Jagdschloss Hubertusstock steht symbolisch für den Brandenburger Tierreichtum.

TIERWELTEN

Entdeckungen in Wald und Flur

Nach Brandenburg sind in den vergangenen zwei Jahrzehnten zahlreiche Tierarten zurückgekehrt. Sie lassen sich mitunter gut beobachten

Rund ein Drittel der gesamten Brandenburger Landesfläche steht heute unter Natur- und Landschaftsschutz. Vielerorts stoßen die Ausflügler daher auf Naturparks, Biosphärenreservate und im Unteren Odertal rund um Schwedt sogar auf einen Nationalpark. Profiteure dieser Maßnahmen sind zahlreiche Tierarten, die sich bis zum politischen Umbruch 1989/90 entweder gar nicht oder nur sehr selten in märkischen Gefilden aufhielten.

Ihre Entdeckung und Beobachtung setzt viel Geduld, Umsicht und Glück voraus. Die vorgestellten Beobachtungstipps stellen daher nur eine Orientierungshilfe ohne Erfolgsgarantie dar.

Wölfe

In der freien Wildbahn sind Wölfe nur sehr selten zu beobachten. Sie scheuen den Kontakt mit den Menschen und sind meistens nur nachts aktiv. Nachdem im Jahre 2007 im Zschornoer Wald im äußersten Südosten des Landes nach über 100-jähriger Abwesenheit in Brandenburg erstmals ein Wolfspaar dauerhaft gesichtet wurde, werden seit 2009 jedes Jahr Welpen geboren. Derzeit durchstreifen mehrere Rudel, Paare ohne Nachwuchs sowie Einzelwölfe Brandenburg. Die größten Chancen, einen in freier Wildbahn lebenden Wolf zu entdecken, bestehen in den einstigen Tagebaugebieten der Lausitz, in der Schorfheide, auf den einstigen Truppenübungsplätzen »Bombodrom« bei Wittstock, in der Lieberoser Heide und im Fläming.

Beobachtungstipps: Regelmäßig werden von der Touristeninformation in Spremberg Wolfsspaziergänge angeboten, bei denen man sich auf die Spuren der Vierbeiner begibt. Die Teilnehmer entdecken Fußspuren und Kot (www.spremberg.de).

Tierwelten

Fußabdrücke von Wölfen werden im Lausitzer Tagebaugelände vermessen.

Eine sichere Empfehlung sind Wildparks und Zoos. Wölfe gibt es unter anderem im Wildpark Schorfheide bei Groß Schönebeck zu sehen. Der Wildpark ist täglich von 9 bis 19 Uhr geöffnet. Weitere Informationen unter Tel. 03 33 93 / 6 58 55 und unter www.wildpark-schorfheide.de.

Im Wildpark Johannismühle bei Baruth leben nordische Wölfe, die durch ihre Größe und Fellfarbe beeindrucken. Kern des Wolfsrudels bilden Tiere aus dem Berliner Zoo. Sie leben tagsüber mit den Braunbären auf einer Anlage zusammen.

Weitere Auskünfte unter Tel. 03 37 04 / 9 70 11 und www.wildpark-johannismuehle.de.

Sumpfschildkröten

In Brandenburg gibt es die einzige Population von Sumpfschildkröten jenseits der großen Vorkommen in Frankreich und Südeuropa. Die fünf Orte befinden sich im nördlichen Landesteil in der Uckermark an der Grenze zu den Feldberger Seen in Mecklenburg-Vorpommern. Eine Begegnung wäre aber rein zufällig, können sich die bis zu 120 Jahre alt werdenden Reptilien doch sehr geschickt tarnen. Der Bestand wird auf 60 bis 100 erwachsene Tier geschätzt.

Beobachtungstipps: Sumpfschildkröten können in einer Freianlage auf dem Gelände des NABU-Besucherzentrums »Blumberger Mühle« bei Angermünde täglich von 9 bis 18 Uhr, an Wochenenden bis 19 Uhr, beobachtet werden. Täglich um 13.30 Uhr beginnt im Info-Zentrum eine Wanderung durch die angrenzende Naturerlebnislandschaft. Außerdem werden Spuren des Bibers sowie Seen, Hölzer, Wiesen und Teiche erklärt.

Infos unter Tel. 0 33 31/2 60 40 und www.blumbergermuehle.nabu.de.

Auch die Aufzuchtstation in Linum steht den Besuchern nach Anmeldung montags bis freitags ab 10 Uhr offen (Tel. 03 39 22/9 02 55). Hier schlüpften in zehn Jahren etwa 250 Jungtiere.

Fischadler

Mit über 300 Paaren brütet rund die Hälfte der deutschen Fischadler in Brandenburg. Zwischen 1990 und 2012 verdreifachte sich der Bestand. Noch in den 1970er-Jahren hatte der Einsatz des Insektizids DDT die Art bis an den Rand des Aussterbens gebracht. Nach dem Verbot des Pflanzenschutzmittels und dem Bau zahlreicher Nisthilfen erholte sich die Tierart wieder.

Beobachtungstipps: Fischadler brüten in Brandenburg vor allem auf Hochspannungsmasten. Mehr als 100 sollen es im ganzen Land inzwischen sein. Der Stechlin im Norden Brandenburgs gilt als das Gebiet mit der größten Dichte von

Fischadlern in ganz Mitteleuropa. Auch die benachbarten Gewässer werden von den Vögeln sehr häufig aufgesucht (www.stechlin.de).

Um Naturfreunden die Möglichkeit der Beobachtung der Fischadleraufzucht zu ermöglichen, hat ein großes Energieunternehmen auf einem seiner Hochspannungsmasten an der Groß Schauener Seenkette im Naturpark Dahme-Heideseen eine Kamera installiert. Die Live-Übertragung kann auf Bildschirmen im Sielmann-Informationszentrum auf dem Gelände der Fischerei Köllnitz bei Storkow verfolgt werden (www.koellnitz.de).

Wisente

In Brandenburg gibt es bislang keine Vorkommen von Wisenten in freier Wildbahn. Dennoch kann vor allem in der Döberitzer Heide zwischen dem westlichen Berliner Autobahnring und der Berliner Stadtgrenze von einer Rückkehr der großen Tiere gesprochen werden. Sie leben in einem abgezäunten Terrain, das auf einem 23 Kilometer langen Wander- und Radweg umrundet werden kann. Oft stehen die bis zu eine Tonne schweren Tiere direkt am Zaun, sodass sich gute Beobachtungsmöglichkeiten ergeben.

Die südlich der Bundesstraße 5 gelegene Döberitzer Heide, aus der nach mehr als 100 Jahren erst 1992 die Militärs abgezogen wurden, befindet sich im Besitz der Stiftung des 2006 verstorbenen Tierfilmers Heinz Sielmann. Durch die Fresslust der Wisente soll die rund 3500 Hektar große Heide erhalten bleiben und nicht zuwachsen.

Beobachtungstipps: Wer in der Döberitzer Heide nicht am Zaun auf die Wisente warten will, begibt sich zum Schaugehege. Hier werden Wisente, Przewalski-Wildpferde und Hirsche zweimal täglich gefüttert (www.sielmann-stiftung.de).

Der Wildpark Johannismühle in Klasdorf im Süden Berlins befindet sich an der Abbruchkante des Niederen Fläming zum Baruther Urstromtal auf einem rund 100 Hektar großen Gelände inmitten einer Wald-, Wiesen- und Teichlandschaft. Beobachtet werden können verschiedene heimische Wildarten

In der Döberitzer Heide bei Berlin-Spandau kommen Besucher den Wisenten ganz nah.

sowie Wisente, Auerochsen und Wildpferde (www.wildpark-johannismuehle.de).

Mitten im größten zusammenhängenden Waldgebiet Mitteleuropas, der Schorfheide, liegt der Wildpark Schorfheide. Auf sieben Kilometer langen Wanderwegen mit Rast- und Picknickplätzen kann der Park am Rande von Groß Schönebeck erkundet werden. Er beherbergt ausschließlich Wildtierarten, die in der Schorfheide heimisch sind, wie Fischotter, Rotwild, Damwild, Schwarzwild, Muffelwild sowie Wölfe, Wisente, Elche und Przewalski-Pferde (www.wildpark-schorfheide.de).

Fischotter

Die Fischotter gelten seit jeher als Gradmesser für den Zustand der Natur. Wo die Fischotter heimisch sind, gibt es keine gravierenden Störungen des biologischen Gleichgewichts. Das trifft vor allem auf weite Teile der Uckermark und auf viele Seen südöstlich Berlins zu. Hier gibt es nicht nur saubere und intakte Fließgewässer, sondern auch natürlich erhaltene Ufer.

Fischotter sind inzwischen in fast allen Brandenburger Landesteilen anzutreffen, nachdem sie Anfang der 1990er-Jahre fast als ausgestorben galten. Allerdings bedeutet die Beobachtung eines jagenden oder wandernden Exemplars schon ein großes Glück. Fischotter tarnen sich hervorragend und sind vorwiegend in den Nachtzeiten aktiv.

Beobachtungstipps: Kanutouristen im Spreewald berichten regelmäßig von Begegnungen mit Fischottern. Diese Meldungen konzentrieren sich vor allem auf den Hochwald hinter dem Kurort Burg in Richtung Straupitz und auf die Strecken rund um Schlepzig im Unteren Spreewald. Auch an der Groß Schauener Seenkette bei Storkow gibt es immer wieder Spuren des Fischotters.

Wer sichergehen will, besucht die heimischen Tierparks. Täglich lädt der Wildpark Schorfheide am Rande von Groß Schönebeck zur öffentlichen Otterfütterung (www.wildpark-schorfheide.de).

Im Tierpark Kunsterspring an der Straße zwischen Neuruppin und Dorf Zechlin erhalten die Fischotter zweimal täglich ihr Futter (www.tierpark-kunsterspring.com).

Seeadler

Im Unterschied zum Fisch- und Schreiadler bleibt der Seeadler seiner Heimat das ganze Jahr treu und überwintert nicht im Süden. Im ganzen Land gibt es mehrere Beobachtungstürme, die mit etwas Geduld wenigstens einen kurzen Blick auf den Seeadler ermöglichen. Noch bessere Erfolgsaussichten aber bietet die behutsame Fahrt mit einem Boot oder einem Floß in die Reviere der Seeadler. Auf einem der zahlreichen Seen rund um Lychen, auf der Groß Schauener Seenkette bei Storkow oder in der Schorfheide können die Brandenburger Wappentiere fast immer bei ihrer beeindruckenden Jagd nach Beute im Wasser verfolgt werden. Die Beobachtungschancen erhöhen sich sogar in der kalten Jahreszeit, wenn die Gewässer schon stellenweise zugefroren sind. Dann kann es beispielsweise in der Schorfheide passieren, dass gleich mehrere Seeadler um eine eisfreie Stelle und die hier erreichbaren Fische kämpfen.

Schier endlos dehnt sich die jahrhundertelang von Militärs genutzte Döberitzer Heide aus.

Nicht selten spielen sich dabei spektakuläre Szenen ab, wenn ein Adler dem anderen die Beute aus dem Schnabel reißt.

Beobachtungstipps: Größere Gruppen von Seeadlern leben an der Elbe in der Prignitz, in der Schorfheide, an den Uckermärkischen Seen, im Nationalpark Unteres Odertal, im Oderbruch und in vielen anderen Gegenden. Direkt an der Naturerlebnisroute entlang der Elbe in der Prignitz steht der Aussichtsturm »Lennewitzer Eichen« mit Blick auf den künstlichen Havel-Umfluter und das Elbe-Vorland. Ein weiterer Turm befindet sich am Elberadweg zwischen Rühstädt und Bälow. In beiden Revieren lebt auch der Seeadler.

Gute Blicke auf Seeadler bieten ebenso Türme am Oberuckersee bei Fergitz, südlich von Prenzlau, und in der Oderaue bei Schwedt, am Grimnitzsee bei Althüttendorf in der Schorfheide, an den Altfriedländer Teichen im Oderbruch, an den Karlsdorfer Teichen in der Märkischen Schweiz und am Rietzer See bei Brandenburg/Havel.

Quellen- und Literaturverzeichnis

Bergner, Paul: *Befehl »Filigran«*, Basdorf 2008
Brandenburgisches Amt für Denkmalpflege: *Die Beelitzer Heilstätten*, Potsdam 1997
Förderverein Historisch-Technisches Museum Versuchsstelle Kummersdorf: Kummersdorf 2011
Förderverein Schinkel-Kirche: Neuhardenberg 2012
Gottschalk, Wolfgang: *Südwestkirchhof Stahnsdorf*, Berlin 1990
Kluge, Volker/Lennartz, Karl/Teichler, Hans-Joachim: *Autogrammbücher Berlin 1936*, Liebenberg 2011
Knopf, Volker/Martens, Stefan: *Görings Reich Selbstinszenierungen in Carinhall*, Berlin 1999
Verschönerungsverein Woltersdorf: Ausstellung im Aussichtsturm Woltersdorf 2012
Wendt, Marion/Thiele, Jan: Einst Waldsiedlung Heute Kurort, Bernau 1996

Bildnachweis

Alle Aufnahmen: Claus-Dieter Steyer
Foto auf dem Umschlag: Grischa Georgiew, Shutterstock
S. 78, 80: Stiftung Preußische Schlösser und Gärten Berlin-Brandenburg/Fotograf: Claus-Dieter Steyer
S. 86–88: Mit freundlicher Genehmigung der DKB Stiftung für gesellschaftliches Engagement, www.dkb-stiftung.de

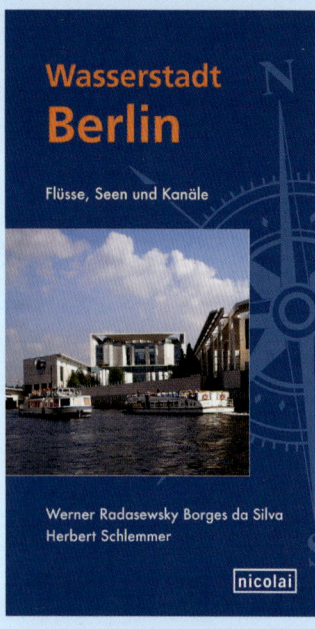

Werner Radasewsky
Borges da Silva (Text)

Herbert Schlemmer
(Fotografien)

Wasserstadt Berlin
Flüsse, Seen und Kanäle

144 Seiten
40 farbige Abbildungen
Klappenbroschur
ISBN 978-3-89479-718-8
€ 14,95

Berlin verdient mit seinen vielen Flüssen, Seen und Kanälen den Titel »Europäische Wasser-Hauptstadt«. Mit angemessenem Tiefgang gibt dieses Buch dem Leser eine Gebrauchsanleitung an die Hand, mit der er sich die Stadt auf dem Wasser erschließen kann – ob als Eingesessener oder als Besucher. So werden viele der mehreren Dutzend Inseln im Stadtgebiet beschrieben und verborgene Wasserwege erkundet; Eigentümlichkeiten wie asiatische Wasserbüffel, echte »venezianische« Ortsteile oder riesige weiße Dünen werden vorgestellt.

Dazu gibt es zahlreiche praktische Angaben zur Gastronomie am Wasser, zu Verkehrsverbindungen, zu Badestellen und Wassersport. Ein service-orientiertes Stichwortverzeichnis von A wie Abendfahrten über B wie Bootsverleih ohne Bootsführerschein und K wie Krimi-Dampferfahrten bis W wie Winterfahrten und Y wie Yachtcharter vervollständigen dieses neuartige Berlin-Puzzle.

- verwunschene Inseln und verborgene Wasserwelten mitten in der Hauptstadt
- Kurioses und Überraschendes – selbst für alteingesessene Berliner
- mit einer Fülle praktischer Tipps